本丛书为北京市社会科学理论著作
出版基金重点资助项目

丛书主编

袁行霈　严文明　张传玺　楼宇烈

丛书编辑委员会

袁行霈　严文明　张传玺　楼宇烈　李　零
王邦维　邓小南　刘勇强　吴同瑞

中华文明史普及读本

倾覆与再建
明中叶至辛亥革命的政治文明

郭卫东 编著

图书在版编目（CIP）数据

倾覆与再建：明中叶至辛亥革命的政治文明／郭卫东编著．
—北京：北京大学出版社，2009.1
（中华文明史普及读本）
ISBN 978-7-301-13220-3

Ⅰ.倾… Ⅱ.郭… Ⅲ.政治制度－历史－中国－近代－普及读物 Ⅳ.D69-49

中国版本图书馆 CIP 数据核字（2008）第 190583 号

书　　　　名：	倾覆与再建——明中叶至辛亥革命的政治文明
著作责任者：	郭卫东　编著
责 任 编 辑：	刘方
标 准 书 号：	ISBN 978-7-301-13220-3/K · 0512
出 版 发 行：	北京大学出版社
地　　　　址：	北京市海淀区成府路 205 号　100871
网　　　　址：	http://www.pup.cn　电子邮箱：pkuwsz@yahoo.com.cn
电　　　　话：	邮购部 62752015　发行部 62750672　出版部 62754962
	编辑部 62752025
封 面 设 计：	奇文云海
版 式 设 计：	河上图文
印　刷　者：	北京宏伟双华印刷有限公司
经　销　者：	新华书店
开　　　　本：	650mm × 980mm　16 开本　13.75 印张　147 千字
版　　　　次：	2009 年 1 月第 1 版　2010 年 4 月第 2 次印刷
定　　　　价：	25.00 元

未经许可，不得以任何方式复制或抄袭本书之部分或全部内容。
版权所有，侵权必究
举报电话：010-62752024　电子邮箱：fd@pup.pku.edu.cn

目录
CONTENTS

小引 /001

第一章 皇绪正统的自我倾覆 /005
    一 辛酉政变 /006

    二 立嗣危机 /025

第二章 快一拍的军制建设 /061
    一 八旗与绿营 /061

    二 湘军与淮军 /066

    三 再造新军 /087

第三章 不得不行的财经制度改革 /095
    一 解饷、协饷的崩盘 /095

    二 新财源的开辟与财政的清理 /103

第四章 新教育体制与法制 /109
    一 废科举 /109

    二 办新学 /117

    三 派游学 /130

    四 近代法律制度的初建 /137

第五章 行政体制改造 /149
　　一　广州外交体制的解体与总署及外务部 /149
　　二　中央与地方的官制改革 /161
第六章 共和制的缔造 /167
　　一　制度间的抵牾 /168
　　二　合力的作用 /185
后　记 /215

小引

从明代中叶至清朝末年,是中国传统农业文明的最后发展阶段。此时段,在政治方面最值得注意的就是多元一体的多民族国家的进一步巩固和发展,以及近代国家疆域的基本奠定。此前中国经过多次的民族融合,业已形成多民族和睦共居的格局。作为中国古代最后一个王朝的清朝(1616－1911),是继元朝之后又一个由北方民族建立的大一统帝国。清朝在进一步巩固和发展多民族国家方面,做出了诸多贡献。经过康熙、乾隆等朝的"平三藩"、"收复台湾"、"抗沙俄"、"定准噶尔"、"平回疆"以及经营西藏等事件,此时清朝的疆域,东起库页岛和台湾,北达漠北和外兴安岭,西起巴尔喀什湖和葱岭，南至南海诸岛，正如清帝志得意满所宣称的那样："中国之一统始于秦氏，塞外之一统始于元氏，而极盛于我朝。自古中外一家，幅员极广，未有如我朝者也"①。在广袤的领土范围内，清朝实行着有效的治理，出现文治武功盛极一时的"康乾盛世"，使得中国社会维持近二百年的稳定局面，最终构成中国作为近代领土国家的版图依据和基础。

明清时代，是中国传统政治体制的最后演进阶段。在地方行政制度上，明清基本沿袭了元朝的行省制，但亦有新的发展和变化。洪武九年（1376），明朝改行省之名为"承宣布政使司"，习惯上仍称"省"。洪武年间，除京师南京外，地方共设北平、山西、山东、河南、浙江、江西、福建、湖广、广东、广西、陕西、四川、云南共十三布政司。永乐初年，升北平布政使司为北京（始称"行在"；永乐十九年改称"京师"），完成中国首都从南京到北京的转移，南北两京共为朝廷的直辖区，称南、北直隶。永乐十一年（1413），增设贵州布政使司。清沿明制，仍置十三省，但对两京及某些省份有所改易，如将湖广分析为湖北、湖南二省，将陕西分析为陕西、甘肃二省。最具意义的是，光绪年间，台湾、新疆、奉天、吉林、黑龙江的陆续建省。另在蒙古、青海、西藏等地区由理藩院等进行管理，并设"办事"、"参赞"等大臣。在中央政治体制上，此间的皇权专制渐次发展到集权顶峰，随之又逐步解体。明代洪武年间"内阁"的

---

① 《清世宗实录》卷八十三雍正七年六月己未。按这段话提到的"中国"是侠义概念，仅指汉族为主体的农业社会而言。转引自袁行霈、严文明、张传玺、楼宇烈主编：《中华文明史》第四卷，北京大学出版社2006年，第105页。

出现，使传统的"相权"得到削弱；清代雍正年间"军机处"的设立，更使"相权"不存，皇权独大；而清代宣统年间新"内阁"制的建立，则成为中国千年一系绵延不绝的帝系皇权统治崩解的契机。

  鸦片战争的爆发使中国社会开始步入近代，社会状况较前有了很大的改变。与之相应，中华传统的古典文明在19世纪中叶也遇到了空前挑战，那就是遭遇到了西方近代文明的全面冲击。此前，中华文明代有变迁，但主要还是中华文明内部的整合，即便是受异域文明的影响，也主要是东方文明（如印度的佛教、阿拉伯的伊斯兰教、唐朝时期的景教也不过是属于基督教异端的东方教会）。西方文明的影响不能说决然没有，但多是间接微末的。明清之际耶稣会传教士曾掀起过西方文明入华的小高潮，但并未影响到中华古典文明的主体。近代以降的情事就完全不同了。地理大发现之后，人类文明的区域性联系变成为全球性交往，资本主义的发展和工业革命的进行又使西方文明形成一种霸权优势在世界范围内扩张。在中西两大文明的交冲对撞之下，一方面，中华传统文明发生嬗变，其中的某些部分出现了变异和式微，中华文明中更多地容纳吸取了其他文明体系特别是西方文明体系的内容，更紧密地与世界其他文明体系相融合相同步；另一方面，中华传统文明的某些成分仍然在生生不息地固守着、传承着乃至发扬光大着。其间，中华文明在变法图强的历史大背景下发生了，从古代文明向近代文明的转型，而在物质、精神、制度诸文明形态的演进过程中，以制度文明的转型最为显眼。

第一章
皇绪正统的自我倾覆

　　1860年,对清朝的统治者来说,是一个异常重要的年份。这年5月,围攻太平天国首都天京的清军"江南大营"第二次也是最后一次溃败,由此造成清朝"绿营"的基本崩溃。"绿营"的崩溃,使得建军七年一直处于居无定所的湘军得到全面扩展,并进而催生了淮军。湘、淮军取代绿营成为大势所趋,导致后来地方权力系统的膨胀和满汉之间权力重心的部分转移。这年9月,在英法联军攻陷北京的前夕,咸丰皇帝逃亡热河,后来病死承德,清朝中央权力机构出现危机,晚清最重要的统治者那拉氏顺势上台。这年10月,中国与俄国、美国、英国、法国签订了《北京条约》,列强更深入地控制了中国,而总理衙门的建立及其后的公使驻京及使领互设等则标志着中国步入了近代外交的格局。

一 辛酉政变

奕詝，道光皇帝的第四个儿子，1837年7月17日出生，1850年3月9日登基，是清朝入关后的第七代皇帝，所用年号咸丰。1851年1月，洪秀全在广西桂平金田村举行起义，掀起了其后席卷大半个中国的太平天国运动。以旧历年来说，金田起义仍属咸丰元年，也就是说，咸丰一上台就遇上了太平天国运动，而太平天国的阴影也将从这时开始缠绕其至死。（图1）

太平天国对清朝国家机器的冲击是空前的，仅以国家机器中最具代表性的官僚体系为例，就不难看出太平天国对清朝构成的威胁是何等地严重！

文官系统，咸丰元年到六年，七品（包括从七品）以上的文官因与太平天国有关而死亡的共有429人，其中被起义军杀死或自杀"殉节"的有372人，因临阵脱逃或作战不力而被朝廷杀头的9人，在前线病故（如林则徐等人）48人。在这429人中，正三品以上（总督、巡抚、布政使等省级以上）共63人。还有遭到朝廷革职、流放等各种处分的555人，死亡与遭处分的两者相加近千人，这是一个很惊人的数字。因为清朝正式官员的数量并不是很多，全部文武官员合起来在27000人上下。[①]这使得很多地区的官员变动十分剧烈，

[①] 见《钦定大清会典》卷二一五，商务印书馆光绪戊申十一月印本。

图 1 咸丰帝朝服像

在这六年中,皖、赣、桂、苏、湘、鄂七省官员变动数达到50%,其中安徽、江西、广西三省的变动数达到70%以上,安徽省这一时期死亡的知县就占全省知县的50%以上。(图2)

图 2 文一品官服补子　　图 3 武一品官服补子

　　武官系统，清朝的武官系统分为两个体系，一是八旗，还是在这六年，正六品以上的武官死亡共 260 人，受处分的 68 人；二是绿营，几乎遭到太平军毁灭性的打击，都、守、千、把等中下级武官人数众多，忽略不计，仅以正三品以上的高级将领来说，死亡人数 204 人，受处分人数 223 人。在这其中，最高级别的提督死亡 18 人，占全国水陆提督总数的 67%，总兵死亡 83 人，占全国总兵人数的 41%。以上只是以 6 年时间来统计，而太平天国运动延续的时间共有 17 年。如从整个历程来计算，数据将翻上几番。（图 3）

　　事不仅此，清朝在面对太平天国沉重打击的同时，还要面对英、法等列强的军事打击。1856—1860 年，英国、法国在俄国、美国的支持下联合发动了对中国的侵略战争。战争的重要目的是修改第一次鸦片战争后制定的不平等条约，所以，这场战争也称为"第二次鸦片战争"或是"修约战争"。英国发动战争的借口是所谓的"亚罗号事件"，法国的借口是所谓"马赖事件"。1856 年 10 月 23 日，侵略军进攻广州，战争爆发。两广总督叶名琛实行了一种

图 4 叶名琛像

很奇怪的战略,被称为"不战,不和,不守,不走",就是不与洋人正面抵抗,不与其正式谈判,不做多少防御准备,也不撤出广州,如此周旋了一年有余,1858年1月3日,叶名琛被掳往停在虎门的英舰"Inflexible"号上,后又被送往英印殖民地加尔各答。据说,在印度的叶名琛很有气节,以"苏武牧羊"的故事自励,后绝食自尽。叶氏40余岁便出任总督,以年轻干练著称,但在与外人的交涉中却莫名所以,无所作为,被俘后正气凛然,堪称一代旧式士大夫官员中的典型,他们处在中西文明交冲的时代,确实是辨不清东、西了。(图4)

这年5月20日,英法联军攻陷大沽炮台,进逼天津,威胁北京,清政府被迫屈服,与英、法、美、俄四国签订《天津条约》,但在外国公使进入北京等问题上又起争端,战火复燃。1860年7月,英法联军大量增兵,8月1日,联军登陆北塘,21日,大沽失陷,24日,天津沦陷,9月21日,联军与防守京城的两支主力僧格林沁和胜保的部队激战于京郊八里桥,清军大败,京城大乱。咸丰皇帝作出三项安排:一是他本人撤离北京,逃往热河(承德)。皇帝居然逃跑,说起来很不成样,好在中国官面上的堂皇用词很多,美其名曰"巡幸木兰";二是起用原被废置的他的六弟恭亲王奕䜣留在北京办理善后事宜;三是命令僧格林沁和胜保部拼死牵制联军以掩护皇上脱险。22日,咸丰逃离京师,10月13日,北京被英法侵略军占领,在此前后,被称为"万园之园"的圆明园几次被英法联军抢掠焚毁。10月底,清政府与英、法等国再签《北京条约》,第二次鸦片战争以中国的战败结束。

清朝廷除了遭受来自国内外的打击外,本身也面临着麻烦。那就是刚届30岁的咸丰皇帝在内忧外患的夹击下,又加上生活上的不检点,出现病危,病体没有支撑几天,1861年8月21日(咸丰十一年七月十六日),从承德避暑山庄发出一道让天下人惊心的上谕(图5):

> 奉朱笔:皇长子御名现立为皇太子,著派载垣、端华、景寿、肃顺、穆荫、匡源、杜翰、焦佑瀛尽心辅弼,赞襄一切政务。特谕。①

---

① 故宫博物院明清档案部编:《清代档案史料丛编》第1辑,中华书局1978年,第82—83页。

图 5 谕"派赞襄政务大臣"的上谕

也就是说,皇帝不行了,要在临死前办理帝位交接手续。这时,咸丰唯一要继位的儿子载淳年仅6岁,无法亲政,故而咸丰任命他最亲信的8位大臣来辅助。8位大臣也因上引谕旨而被称为"赞襄政务八大臣"。这8个大臣中的前4人的职务是御前大臣,后4人的职务是军机大臣。

说到这里,应该对军机处作一介绍。军机处是清朝政治体制中的一大发明,从雍正朝设立后,传统的"相权"便基本上被抵消,君权完全独立,不受限制,军机处就是大清皇帝的秘书处,军机大臣就是大清皇帝的幕僚。久而久之,军机大臣多养成唯诺习惯,只知逢迎,缺乏主见,嘉、道两朝"特见委任"的军机大臣曹振镛,奉行的名言是"但多磕头少说话",而咸丰朝的军机大臣彭蕴章甚至到了"唯阿取容,从无建白,外间戏以彭葫芦称之"的地步。[①] 但在国

---

① 章士钊:《热河密札疏证补》,《文史》第2辑,第94页。

家面对重大危难的时候,这些没有本事唯工迎合的军机大臣也难以应对,清朝统治者尝到了用奴才不用人才的苦果。故而在咸丰一朝,清朝的权力中枢一度出现有违制度的微妙转移,就是御前大臣的地位显现,御前会议部分取代军机处。时人薛福成有评:"而军机之权渐移,军机大臣皆拱手听命,伴食而已。"①其中,载垣、端华位列亲王,地位显赫,但本事有限,"汉文不甚通达"。八大臣中以肃顺为核心。

肃顺(1816—1861年),皇族出身,在当时的满洲亲贵中颇具才干,敢作敢当,却也飞扬跋扈,主张严刑峻法,整肃朝政。就在戊午年(1858年)这一年里,他连杀两起案件中的两名大学士,轰动朝野,显示其魄力秉性。

一件是"耆英案"。耆英,官居大学士,也是皇族出身,曾任礼、工、户部尚书,盛京和广州将军,两广总督等职;是中国历史上第一个不平等条约中英《南京条约》的主签人,后又相继主签了中国与美国间的第一个不平等条约《望厦条约》,中国与法国间的第一个不平等条约《黄埔条约》;是道光一朝与外国人打交道最多的显宦,也是有名的知"夷"善抚的代表,其与外人来往的官方文书可以写到令人肉麻的程度,被后世的西方研究者称为"情书"式的公文。1858年,这位"抚夷"老手被朝廷差命参与《天津条约》的交涉,席间又重操与外人套近乎的故技,但这次外国使节不再吃这一套,原因在于英法联军攻陷广州时,曾掠获了两广总督衙门的档案②,在

---

① 薛福成:《庸庵笔记》卷一,江苏人民出版社1983年,第12页。
② 目前这批近2000件的珍贵档案仍存留在伦敦英国国家档案局(Public Record Office)的外交部档案类(British Foreign Office Record,下简称F.O.),案卷编号为F.O.931。

档册中发现了这位貌似恭敬的耆英在给朝廷的相关奏折中却对外人相当地不恭敬，折中以轻蔑嘲弄的语调大谈"驭夷"之术，和其明面上与外人交往的姿态言辞判若两人。英国代表于是将奏折拿出在谈判席当堂宣读，席间的耆英如坐针毡尴尬异常，竟不请示朝廷自行退出谈判，跑到了通州，被朝廷抓捕。在商议如何处置时，肃顺坚持立即正法，理由是如不严惩，以后有办理外交的大臣将会"相率效尤，畏葸潜奔，成何事体"①，咸丰采肃顺的建议，赐耆英自尽。

另件是"科场案"。这年由大学士军机大臣柏葰主持顺天乡试，其手下人营私舞弊，擅自调换考卷，让一名叫平龄的戏子中了第7名。案发后，肃顺主张严办，将并不知情也未受贿只是负有用人不当、察举不严责任的柏葰处斩。咸丰本想网开一面，称柏葰"罪无可逭，情有可原"，肃顺在旁接话："虽属情有可原，究竟罪无可逭。"②言辞无二，但顺序一改，意思也就完全两样。此案前后共惩处91人，其中杀了柏葰等5人，造成"世人满狱"，是清代最大的科场案。这两起大案更加确定了肃顺雷厉风行、言不二词的凌厉施政做派和在朝廷中一言九鼎的地位。

8月21日的上谕确定了八大臣在帝位交替、政权更迭的紧急关头所处的地位。8月22日，咸丰病故。八大臣依照其临终前的安排秉持朝政。热河行宫继续成为清朝统治重心的所在地。但八大臣的辅政地位却遭到来自另两个集团的反对。

其一是奕䜣集团。奕䜣（1833—1898年），咸丰异母之弟，咸丰

---

① 《筹办夷务始末》（咸丰朝），第3册，中华书局1979年标点本，第968—969页。
② 王嵩儒：《零固零拾》卷三，台北文海出版社1967年影印本。

图6 奕䜣旧照

幼时,因其母孝全皇后早亡,咸丰由奕䜣(图6)亲母静皇贵妃带养,因此咸丰与奕䜣小时同吃同住,两小无猜。但随着年龄渐长,两人开始出现裂缝和竞争,首当其冲的是争当皇帝。清朝从雍正朝开始,对中国的帝位继承制度有一项重大改造,那就是实行"储位密建制"。中国自周朝以来两千多年一直奉行"有嫡立嫡,无嫡立长,先立太子,以固国本"的皇位继承制,"储位密建制"对此有了重大修改,核心点便是不预立太子,也不在皇子中专门区分嫡庶长幼,而是每位皇子都有入选帝储的可能。当朝皇帝一旦决定继承人后,就将选立者的姓名写在纸上,密藏于锦盒中,所以,这项制度又被称为"锦匣书名制"。道光皇帝共有九子,第一、二、三子早死,七、八、九子较小,皇五子过继给旁支,而最有希望继承帝位的正是皇四子奕詝(后来的咸丰帝)和皇六子奕䜣。比较起来,奕䜣比奕詝要聪明有才干,"宣庙(道

图7 道光皇帝立储密旨及存放密旨的匣子

光帝）晚年最钟爱恭亲王（奕䜣），欲以大业付之，金合缄名时几书恭王名者数矣，以文宗（咸丰帝）贤且居长，故逡巡未决"[1]。紧要关头，道光还是选择了奕詝作为继承人。1846年8月7日，道光秘密留下对后来政事影响甚大的遗诏，此后没有加以任何改动。3年6个月后，道光死，开启金匣时发现，里面居然装有两份手写谕旨。

第一谕写"立皇四子奕詝为皇太子"。

第二谕写"封皇六子奕䜣为亲王"。（图7）

自从实行锦匣书名制后，一匣两谕，绝无仅有。可圈点的地方很多。首先，道光临死前在立奕詝为皇太子的同时封奕䜣为亲王，而没有封其他皇子，反映道光对这两个儿子的偏爱，也说明奕詝、奕

---

[1] 李岳瑞：《曹杜两相得谥文正之由来》，《春冰室野乘》，重庆出版社1998年，第133页。

䜣暗争帝位，事出有因。再有，特封奕䜣为亲王，有保护之意。历史上为争帝位不乏胜利者对失败者的仇杀。最后，加封奕䜣为亲王的题号"恭"字很耐寻味。过去人们多认为，"恭亲王"是道光遗诏中所写，"恭"者，恭敬、恭顺也，是道光知道奕䜣才具在其兄之上，担心其不恭而特意加封。但查勘道光亲笔遗诏却发现流行的旧说有误，道光遗诏中只有"亲王"字样，"恭"字是后来加上的，是在咸丰上台后封授的，为何要给奕䜣加封用意如此明显的"恭"字？是何人何时所加？确乎大有意味。

咸丰继位之初，与奕䜣的关系尚属融洽，奕䜣还一度出任军机大臣。但好景不长，1855年9月2日，咸丰以奕䜣"矫旨"为由罢免其一切职务，并不再予以重用。咸丰逃往承德时，也不带奕䜣，而将其留在危城北京办理对外交涉。咸丰病重，奕䜣多次请求探视均被拒绝，兄弟俩直到死也未相见，赞襄政务大臣也没有奕䜣的位置，可见，两人的矛盾已相当地深，咸丰至死也不肯原谅奕䜣。

然而奕䜣留在北京反而因祸得福。奕䜣在北京与列强谈判，签署《北京条约》，博得列强的好感和支持。1860年11月9日和12日，法国和英国的军队先后撤离北京，年底，大部分军队又从天津撤退，使北京的威胁不复存在。"和议"的成功，使奕䜣威望大增。更重要的是，奕䜣借议和机会把一批没有随驾而被咸丰遗弃在北京的大小官员团结在自己周围，这些人在战乱时与奕䜣共命运，容易产生共鸣。由一些留守京师的重要官员为核心，形成所谓奕䜣集团。

其二是太后集团。主要代表人物有两个：一个是慈安太后（1837—1881年），钮祜禄氏，又称东太后，她是咸丰皇帝的正宫，地位在后

图 8 慈安太后便服像轴

宫中崇高无上,为人贤淑懦弱。(图8)另一个是后来威赫天下的慈禧太后(1835—1908年),叶赫那拉氏,又称西太后。清朝的后妃制度有八个等级,依次是皇后、皇贵妃、贵妃、妃、嫔、贵人、常在、答应。慈禧1852年6月26日入宫时,最初的身份是贵人,其后逐级升迁,特别是因为她生子载淳后,很快晋级到皇贵妃。载淳继承皇位,

图9 慈禧太后油画像

母以子贵,又得以封太后。(图9)咸丰临死前,各授慈安、慈禧"御赏"和"同道堂"的图章。咸丰死的当天,赞襄政务八大臣行文吏、兵两部:"本王大臣拟旨缮递后,请皇太后、皇上钤用图章发下,上系'御赏'二字,下系'同道堂'三字,以为符信。并希转传京外文武各衙门一体钦遵。"①规定了咸丰死后颁发上谕的具体格式:议事权、拟旨权、执行权在八大臣手中,盖印权在太后手中。这种最高

---

① 故宫博物院明清档案部编:《清代档案史料丛编》第1辑,第85页。

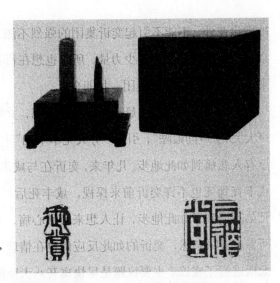

图10 "御赏"、"同道堂"玺及玺匣并玺文

权力二元化的倾向,在封建专制制度下,局面难以持久,二元化势必要向一元化转变。但太后长期居处深宫,按照祖制,她们不能和宫外发生联系。但若没有外部势力的援助,她们本身又没有多大力量,两人常"俯巨缸而语,计议甚密",迫切地想寻求一支外来借助力量。(图10)

在太后集团急切寻找外部力量的同时,奕䜣集团也迫切地想打入宫内。咸丰病逝遗命辅政大臣,奕䜣被排除在外,引起清朝统治集团内部的震惊。清朝家法实行"亲亲尊贤",托孤大事,按照前朝惯例,大多托付皇帝的手足兄弟。当时,清朝爵位制度中最高等级的亲王共有10个,礼、睿、豫、郑、肃、庄、怡这7个亲王都是承袭而来;惇亲王虽说是咸丰兄弟,但已经过继旁支,人又鲁莽;科尔沁亲王僧格林沁是蒙古亲王,属于圈外人;唯有恭亲王与众不同,是道光皇帝朱笔亲封,和咸丰又是兄弟,能力在亲贵中也属出众,他

被排除在外，不能不引起奕䜣集团的强烈不满。但其势力主要在北京，在承德行在没有多少力量，所以也想在行在寻找援力。如此一来，太后集团与奕䜣集团一拍即合。

1861年9月5日凌晨，奕䜣到达承德，立即奔到咸丰棺前，放声大哭，"声彻殿陛"，引得"旁人无不下泪"①。据说，咸丰死后还没有人悲痛到如此地步。几年来，奕䜣在与咸丰相处时的抱怨抱屈，咸丰直到死也不许奕䜣前来探视，咸丰死后居然没有自己的位置，兄弟阋墙到了如此地步，让人想来心酸心痛，如今见面，已是阴阳两界，五味杂陈，奕䜣的如此反应倒也在情理之中。随后，奕䜣与太后进行了密议，主要议题是尽快离开八大臣的势力范围承德，回到奕䜣集团的操控区域北京。11日，奕䜣兼程赶回北京进行政变准备。10月26日，两宫太后启程回京，慈禧在行前小施计谋，决定两宫太后和小皇帝先行，让八大臣中的7人随行；而让肃顺一个人留在后面照看咸丰灵棺，棺材既大又重，有时要120人肩扛，沿途又是山路，行进缓慢。这样，八大臣就被拆开，先行的7个人离开了核心人物肃顺，变得群龙无首，肃顺一个人留在后面也孤掌难鸣。11月2日，到达皇宫的慈禧等正式启动政变。太后拿出早已准备好的上谕，宣布八大臣罪状，命令解除其职务，分别按律治罪，并要求讨论垂帘听政。随即，到京的八大臣中的7人被控制，肃顺也在密云被逮捕。至此，八大臣集团败亡，咸丰死前既定的清朝中央政治格局被全面改观。

1861年11月3日，也就是政变后的第2天，两宫太后即任命恭

---

① 佚名：《热河密札》，《近代史资料》，总第36号。

亲王为"议政王",进入军机处,确立了奕訢的议政地位,成为中枢机构的首脑。11日,载淳举行登基大典,正式继皇帝位,废除八大臣所拟年号"祺祥",改明年为"同治"元年,载淳即为同治皇帝。同治的年号寓意为君臣、两宫、君民同心同德,励精图治,表明了新统治者的治国愿望。12月2日,慈安、慈禧正式垂帘听政,满朝王公大臣、六部九卿在养心殿向太后行礼。随即规定,清朝中枢机构的办事程序共分为:呈览,就是各级官员的奏折先呈交太后阅览;议政,奏折发下后交议政王和军机大臣讨论,提出处理意见;请谕,请两宫懿旨定夺;拟旨,按裁定的旨意由军机处拟写谕旨;颁行,谕旨拟好后再呈请太后审定,然后正式颁发。照此程序,太后取得了审核裁决权,奕訢取得了议政施政权。这一新体制的确立即是太后和奕訢集团发动辛酉政变的主要动机,推动政变的两大集团分享了胜利果实,它标志着两大集团联合掌权历史时期的开始,标志着有清一代前所未有的女主称制时代的到来。

但至此开始,清朝的最高权力结构中也埋下了两个难以调处的矛盾种子。

一是改变了先帝遗命和顾命制度。八大臣是先帝授命,咸丰尸骨未寒,即用强力手段将其废除,肃顺被押赴菜市口斩决;载垣、端华赐自尽,其余也都或流放,或免职。如何向天下臣民解释先帝遗命?

慈禧和奕訢等胜利者的做法是从根底上否认八大臣赞襄政务名义的合法性。如前面提到的,此名义的得来是1861年8月21日咸丰皇帝的遗诏。但这道遗书性质的上谕却有"漏洞"。其中,最大的漏洞所在就是它不是由皇帝亲笔书写,遗诏开首即言"奉朱笔"就

图 11 避暑山庄烟波致爽殿

说明了这一点。所以，政变之后的掌权者便以此为突破口做文章，1861年11月8日，由奕䜣领衔，各部院大臣联署的奏折递交皇太后，是奏为八大臣定了七条罪状，其中第三条就是假传谕旨，制造赞襄政务名称。①后来曾任光绪帝妃老师的江西才子文廷式在《闻尘偶记》中更有耸人听闻的说法，称咸丰皇帝早就死去，"肃顺等秘不发表，潜有异图"，在一个月后"始宣告天下"。到底咸丰是何时死去？八大臣的赞襄政务是否合法？

考辨史料，答复应该是肯定的。

证据一，档案记载，查《宫中档》记录："七月十七日（8月22日）寅时，膳房仍伺候上传冰糖煨燕窝，未及用，卯时崩。"另查《敬事房日记档》记录："十七日卯时，大行皇帝在烟波致爽殿内殡天"。档册中关于咸丰死的地点和时间都记录清楚，当无疑义。（图11）

① 故宫博物院明清档案部编：《清代档案史料丛编》第1辑，第115—117页。

证据二,《热河密札》记载,①这是当时在热河的人发往北京的密信,非常机密,也非常重要。信中所写人名多用代号,有的信甚至用"套格"形式交军机处的"方略馆"专递。其中的第12函记述咸丰临死时的情况:

> 十六午后晕厥,嘱内中缓散。至晚苏醒,始定大计。子初三刻见时,传谕清楚。各位请丹毫,谕以不能执笔,著写来承旨。故有"承写"字样。八位共矢报效,极为合衷,大异以前局面。②

密札解释了咸丰为什么没有亲笔写遗书的原因,是他病得无法执笔,不过,头脑是清楚的,遗诏虽然不是皇帝亲笔写就,但却完全是其心意的准确表达,这肯定了八大臣赞襄政务的合法性。不过,王朝史是由胜利者编撰的。肃顺等还是因制造假圣旨等罪名掉了脑袋。

改变先帝遗命的事情在清朝历史上多有发生,并不足奇。辛酉政变得以合法化还有一个很重要的原因,就是两宫、奕䜣与先帝的

---

① "密札"最早发表于《东方杂志》第9卷第1、2期,题名《清宫秘史》,据编辑"高劳"称:"涵芬楼近购得端肃遗事秘札一册,皆当时直行在军机者与北京当路之秘密书札,凡十余通,札中多作隐语,非稔其事者,勿能详焉。中一札则拉杂不成文,用套格始得阅之,盖枢院通信之秘法。……择其较有关系者,录之如左。"1932年1月28日,日本侵略上海,东方图书馆(涵芬楼)被毁,密札原件成为灰烬。但其发表的密札信函却成为研究辛酉政变最重要的资料,黄浚、章士钊、邓之诚、邵循正等先辈前贤均对其有过注释研究。
② 《热河密札》,《近代史资料》,总第36号。

亲缘关系比八大臣更密切，这在家天下的时代不可说不重要。所以，对八大臣废除的议论伴随着其势力的被剪除而很快销声匿迹。相比起来，另一个矛盾种子所引出的反应却显得更为严重，那就是太后的垂帘听政。(图12)对女性的歧视是中国历史上不文明的痼疾，"女子无才便是德"成为千年古训，女子被剥夺了受教育的权利，加上足不出户，骤然登上高位，掌握国家宝器，难免不出乱子。所以，在政治制度史上，母后干政是一直与中国的传统礼制严重相违的，也被清朝祖制家法所严禁，无论在道统上、政统上还是法统上都不具有合法性。清朝前期，在皇帝年幼登基时，如顺治、康熙两朝，是由顾命王大臣辅政。咸丰死后，由于亲贵政争和那拉氏的野心，制造了垂帘听政的局面，但在法理上，皇帝仍然是最高政治权威的唯一拥有者，太后只是一个非正式的暂时的权威假借人；在制度上，

图12 垂帘听政之纱帘

是没有太后执政的合法地位的。对此，慈禧也清楚地知道，所以在其执政时也一再宣称，垂帘是不得已之举，是在皇帝年幼无法亲政的前提下暂且代理的权宜之计，一等皇帝成年，即将权力交还。但朝野间的疑惑仍不能消释。同治、光绪两朝，此问题长期困扰，甚至可以说，自1861年慈禧垂帘听政后，帝后关系成为迄晚清灭亡清朝最高权力结构中始终缠绕的问题，并酿出几次大的风波。

二 立嗣危机

按照清代前朝顺治、康熙两位皇帝14岁亲政的先例，同治八年，载淳就应该亲政，但慈禧借口"典学未成"，不愿放权。同治十三年，载淳已经17岁，归政问题无法再拖延，慈禧被迫同意。但又提出，交还权柄之前，要为同治"议婚"。在选立皇后的过程中，同治没有按照慈禧的意思，选立年龄较小仅只14岁而易于控制的员外郎凤秀的女儿富察氏，而是遵照慈安的建议，选立已经19岁的蒙古状元、翰林院侍讲崇绮的女儿阿鲁特氏。1872年10月15日，同治举行婚礼。选立皇后为皇族头等重要的大事，同治居然敢于违抗亲生母亲慈禧的安排，而顺从慈安的旨意，这又发生在同治亲政前夕，预示着亲政后的同治并不会对生母慈禧言听计从。1873年2月22日，慈禧被迫归政同治。政治上被削弱权力的慈禧转而从私生活上干预同治，限制同治与皇后的接触，而让同治多和慧妃（富察氏册立）接

图 13 同治皇帝朝服像轴

触。为表示抗议,同治索性挪动居室,由养心殿搬到乾清宫西暖阁独宿。由于不能过正常的家庭生活,进而导致同治帝的"微行",身心受到伤害。年纪轻轻,便染上了病。(图13)

1874年12月8日,清廷首次向外界公布同治病重的消息。该诏语气暧昧，一方面宣布圣躬违和，另一方面又强调"帝仍治事如常"。实际情况是：载淳已经病得很厉害，甚至不能握笔写字。但亲政还不到两年的同治不愿轻易放权，他命令帝师李鸿藻代行批答奏章。①李鸿藻虽为同治所信任，毕竟地位稍低，尚无主持朝政的资格。李不敢擅越，只在奏章上敷衍"知道了"、"交该部议"等。

从同治亲政后，便逐步形成当朝皇帝载淳、政府主持人奕䜣、幕后操纵者慈禧之间某种互相牵制暂时平衡的三角关系。同治病重使三角关系出现倾斜。奕䜣见有机可乘，12月13日，由惇亲王领衔部分王公大臣会奏，请求除了汉文批件仍然交由李鸿藻代笔外，满文折件由奕䜣代笔。奕䜣因而获得部分"宸断之权"。但奕䜣并不以此为满足，没有把权力仅仅局限在"满文批件"上，而暗中把汉文批件也包揽了过去。几天里，他自行决定了一些相当重要的政务。如：指示李鸿章购买铁甲舰和炮台，批准户部拨款百万作西征费用，同意左宗棠借洋债300万两充军费等等。

大权的暂时旁移，引起了慈禧的不安。16日，慈禧召见军机和御前大臣，她先给三天前领衔会奏为奕䜣争权的惇亲王一个下马威，借惇王言语"失礼"，"大加诘责"，"诸臣伙地叩头而已，反复数百言"，在气氛紧张群臣惶恐之际，慈禧提出，皇帝病重，不能躬亲政务，"尔等当思办法，当有公论"，这是明白地在要权，结果是众臣议定太后权宜训政，为遮人耳目，慈禧又指示"此事体大，尔等当先奏明皇帝，不可径请"。同治既不愿慈禧重揽全权，也不愿奕䜣借机夺权，对慈禧，他不敢发作，只得把气一股脑儿地撒在奕䜣头上。

---

① 李宗桐、刘凤翰：《清李文正公鸿藻年谱》上册，台湾商务印书馆1981年，第123页。

次日,同治在病榻前召见奕䜣,"语简而厉",被迫同意"太后代阅折报"。①18日,明发上谕,折件由太后批阅裁定。撤帘归政还不到两年的慈禧重又复出,由后台走到前台,在三角政争中,慈禧先胜一筹;这对随之而来的帝位交接具有决定性的作用。

随着同治病情的急剧恶化,立嗣问题也日益紧迫地提上了议事日程。有记载表明,在同治病危时曾留有立嗣遗诏。《清宫遗闻》云:

> 帝疾大渐,后不待召,哭而往,问有遗旨否?且手为拭脓血。帝力疾书一纸与之,尚未阅竟,忽慈禧至,见后悲惨,手拭帝秽,大骂曰:妖婢!此时尔犹狐媚,必欲死尔夫耶?皇帝与尔何物,可与我!后不敢匿,慈禧阅迄,冷笑曰:尔竟如此大胆,立焚之,顺手批其颊无数,以戴金指甲,致后面血痕缕缕。

《清鉴辑览》、《东华续录》等也有类似记载。同治已经亲政,临终前遗诏立嗣,不足为怪。但诏书已毁,同治为自己选立的继承人到底是谁?却又众说纷纭。

有说选立贝勒载澍。濮兰德、白克浩司写的《清室外纪》云:"及(同治)弥留时,召李鸿藻进见,李乃帝之师傅也。李揭帘入,皇后在旁欲避向后,帝曰:师傅年老,且为先帝亲信之臣。汝即在此听帝之言。……帝曰:朕崩后,汝思何人应嗣朕位。后曰:国赖长君,妾并不欲抚育冲主,享太后之荣,主少国疑,非朝廷之幸也。

---

① 《翁同龢日记》第二册,中华书局1989年点校本,第1076—1077页。

帝笑曰：此意极好，汝识见如此明白，朕实欣矣。乃谓李曰：朕意欲立贝勒载澍承嗣皇考。遂口诵遗诏，命李即于榻前起草，几及千言。"此说被许多学人所接受，如李剑农的《中国近百年政治史》、钱基博的《清鉴》、萧一山的《清代通史》、黄鸿寿的《清史纪事本末》等都详细记载了这件事。但考诸史实，却发现这是一种谬说。正误一，上引各书均把同治为防止"主少国疑"作为考虑立载澍为嗣的主要原因之一。照此说来，载澍应该较为年长。但查阅爱新觉罗宗谱却发现不对，宗谱明确记录载澍生于同治九年十月十六日，仅比后来立为光绪帝的载湉大几个月，并不存在"国立长君"的优势。正误二，载澍是过继子，原为宗室远支奕瞻之子，直到光绪四年八月二十七日才过继给道光第九子孚郡王奕𫍽为嗣。在同治病危时，尚为宗室远支的"载澍"是没有资格入继大统的。正误三，载澍在过继给奕𫍽之前原名载梐，过继后方改名载澍。所以在光绪四年八月以前根本就没有姓载名澍这样一个人①。

有说选立奕䜣或其子载澂。恽宝惠写的《清末贵族之明争暗斗》说，"有一天，同治帝当面交出朱谕一道，大概说时事艰难，赖国有长君，可传位于朕叔恭亲王或子孙"。陈夔龙的《梦蕉亭杂记》也称，同治与奕䜣长子载澂关系很好，同治临终时欲将帝位传给他。故此，同治驾崩时，诸王大臣进宫议皇嗣问题，"适恭邸已到，贸然云，我要回避，不能上去"。这种说法看来也不大可靠。因为，同治与奕䜣父子的关系并不融洽。同治十三年七月，奕䜣子载澂泄露了同治出宫宿娼之事，奕䜣曾联合十位重臣上疏，提出"停园工"、"戒

---

① 参台湾中研院《近代史所集刊》第一期金承艺先生文。

微行"等八项劝谏,并当面一一指陈,使同治恼羞成怒,当堂宣布"恭亲王无人臣礼,当重处",亲笔书诏,取消奕䜣世袭罔替称号,降为不入八分辅国公,撤职交宗人府严议,并同时免去载澂贝勒郡王衔和御前大臣上行走等职。奕䜣父子后在两宫太后的干预下方得开复。但同治的仇怨并未稍释,直到临终前仍警告奕䜣,"当敬事如一,不得蹈去年故习"①。在如此心境下,要想同治传位于奕䜣父子是不大可能的。再有,陈夔龙所云议立嗣前恭王有意回避也与实情不符,议立嗣时恭王在现场,并没有回避。这可以从当时在场的军机大臣翁同龢的日记以及《清代起居注册》中得到佐证。

既然如此,同治遗诏所立的继承人会是谁呢?《慈禧外纪》提供了另外一条可资参考的线索。议立新帝时慈禧曾说:"皇后虽已有孕,不知何日诞生,皇位不能久悬,宜即议立嗣君。"奕䜣有不同意见,他说:"皇后诞生之期已不久,应暂秘不发表,如生皇子,自当嗣立,如所生为女,再议立新帝不迟也。"其他王公大臣似乎也同意奕䜣的这个建议,但慈禧却极力反对,"现在南方尚未平定,如知朝廷无主,其事极险,恐致动摇国本"②。照此记述,我们得知皇后阿鲁特氏当时已经怀有身孕,那么,会不会同治遗诏是立自己的遗腹子为嗣呢?很有可能。我们知道,同治帝、后之间的感情是很深的,按照常理,同治最大的愿望只能是传位给自己的亲子。如前所述,同治临终前曾与阿鲁特氏会面,并专门把遗诏留给她,耐人寻味。慈禧发现遗诏后,又那样地失态,后来廷议立嗣时,又不让阿鲁特氏

---

① 《翁同龢日记》第二册,第1077页。
② 濮兰德、白克好司:《慈禧外纪》,上海中华书局1915年中译本,第85页。

图 14 同治皇后阿鲁特氏死后谥册

参加。显见,同治遗诏与阿鲁特氏有极深的关系,必定是有利于阿鲁特氏,而不利于慈禧。而当时无论立嗣何人与阿鲁特氏都没有多大干系,唯独立她的亲生儿子、同治帝的遗腹子为嗣才跟她有最紧密的关系。如果能这样,她将成为名正言顺的皇太后,慈禧将成为"虽尊而疏"的太皇太后,直接垂帘听政失去名目,这是慈禧所最不愿意的。同治帝死后75天,同治后亦殁,史料记载她是让慈禧逼迫自杀的,当是实录。即便同治已死,她的存在仍对慈禧构成重大威胁,而这时,立嗣大局已定,她又是一个无拳无勇的弱女子,如没有身孕,慈禧是用不着那么忌怕她的。阿鲁特氏香销玉殒,使同治立嗣成为一桩疑案。这里也只是作出一种逻辑上的推理,留待对此问题有兴趣的同好去寻觅查证。(图14)

同治自行立嗣被慈禧断然否定,是因为慈禧心中早有人选。1875年1月12日,同治驾崩。有清一朝第一次遇到了需从皇帝子嗣之外寻找继承人的严重情况,这在清朝的皇位继承体制中是没有先例的,所以也就缺乏细密的制度性规定,于是,人为的因素就显得特别重大。于此,翁同龢在其日记中对选嗣过程有亲历记述:

> 戌正，摘缨青褂。太后召诸臣入……。谕云此后垂帘
> 如何？枢臣中有言宗社为重，请择贤而立，然后恳乞垂帘。
> 谕云，文宗无次子，今遭此变，若承嗣年长者实不愿，须
> 幼者乃可教育，现在一语即定，永无更移，我二人同一心，
> 汝等敬听。则宣布某。维时醇郡王惊遽敬唯，碰头痛哭，昏
> 迷伏地，掖之不能起。①

这里为避讳所隐示的"某"便是醇王之子载湉。与此同时，慈禧也完成了再次垂帘听政的暂时合法化的手续："据王公大学士、六部九卿等奏请，吁恳两宫皇太后垂帘听政一折，朕恭呈慈安……慈禧懿旨，览王大臣等所奏，更觉悲痛莫释，垂帘之举，本属一时权宜，惟念嗣皇帝此时尚在冲龄，且时事多艰，王大臣等不能无所禀承，不得已姑如所请，一俟嗣皇帝典学有成，即行归政。垂帘一切事宜，著该王公大臣等妥议章程，详细具奏，将此通谕中外知之。"②

一般认为，慈禧选立载湉为帝主要基于以下考虑：载湉年幼，仅只4岁，便于慈禧垂帘听政，如果拥立年龄大的人当皇帝，慈禧的垂帘听政便不合法度，即要归政。载湉与慈禧关系密切，他是咸丰之弟奕谭与慈禧之妹叶赫那拉氏所生，与慈禧的夫家母家兼有双重关系，既是慈禧的侄子又是她的外甥。也许更加重要的是，载湉与同治皇帝同属于"载"字辈，这本是违反常理的，原本继承同治帝位的应该在同治下一辈（"溥"字辈中寻找），但那样一来，将使

---

① 《翁同龢日记》第二册，第1086—1087页。
② 《清实录·德宗景皇帝实录》第52册，中华书局1987年影印本，第76页。

图 15 光绪帝朝服像轴

慈禧成为虽尊而疏的太皇太后,同治皇后将成为皇太后,慈禧的垂帘听政间隔一辈变得失去名义。所以慈禧只能在与同治同辈的"载"字辈中寻找,而载湉恰好具备这个条件。为了不使慈禧的垂帘听政遭到辈分上的间隔,慈禧还决定,载湉所继承的帝位不是来自同治而是来自咸丰。为搪塞舆论,慈禧又玩了一个花招,下诏说等载湉

有了皇子再过继给同治为嗣。(图15)

　　满人入关前，法律上并无过继方面的条文。因此功臣无嗣，按先兄弟后侄儿的顺序袭职，以此可理解慈禧在同治的兄弟辈寻找继承人有习惯渊源。但是，满人是在入关后受到汉族立继嗣子观念的影响，才开始过继行为的。最明显的是多尔衮无子，以弟多铎之子多尔博为嗣，袭亲王。在这之后，皇族的继嗣行为渐趋规范化和法律化。康熙十年，规定过继办法为："如无子嗣，准将近族之子，过继为子。"①明确规定了选立继嗣对象是"子"而不是兄弟，皇室自然更不能例外。清朝中期以前皇帝所生的皇子数量可观，有众多皇子作为皇储的备选对象，与过继干系不大。倒是皇帝利用权力将皇子过继给其他亲王以便袭王爵的事件多有发生，如康熙第六子允禄出继庄亲王博果铎之子，雍正将皇六子弘瞻嗣果亲王允礼，乾隆将其四子永珹过继给履亲王允祹为后，皇六子永瑢过继给慎靖郡王（后质亲王）允禧为后，道光将皇五子过继惇亲王绵恺。但是，同治无后，清朝第一次面临要将非皇子过继给皇帝成为皇子的局面。

　　1875年1月12日，同治皇帝驾崩当晚，混不晓事的载湉从醇亲王府被迎入宫，当上了清代入主中原后的第九代皇帝。

　　慈禧此举顿时使宫廷中的各种关系变得复杂起来，也潜伏下了三大危机，也就是有三种关系必须调适。第一种关系，先帝与后帝之间的关系。光绪继嗣咸丰，光绪的儿子却要继嗣同治，前后辈分如何理顺？因为事情牵扯到两宫听政和三代皇帝（前朝皇帝咸丰、大行皇帝同治、当朝皇帝光绪），有些利益还相互之间有冲突，有顾

---

① 《乾隆版宗人府则例》卷三，第1页，台北傅斯年图书馆藏书。

图 16 奕譞旧照

此失彼的情况,故而又使得臣僚的立言需特别谨慎。第二种关系,皇后与皇太后之间的关系,就是慈禧与同治皇后的关系如何处置?本来,按照常理,同治死后,为同治立嗣,应该在其下一辈中寻找继承人,那样,同治皇后将顺理成章地成为皇太后,慈禧将为太皇太后,即或是垂帘听政也要由同治后来实行。但慈禧为了揽权,刻意防止此种局面的出现,立与同治同辈分的光绪为帝,等于光绪是她和咸丰的儿子,这样,慈禧还是皇太后,而同治皇后却成了"皇嫂"。这于情(放弃自己亲生儿子)于理(不是顺序继承,而是同辈继承)都不顺,也使同治后的处境十分尴尬。同治皇后与光绪的关系,与慈禧的关系,在宫廷中的地位,都很是难堪。第三种关系,光绪与生父醇亲王奕譞(图16)的关系如何处置?必须防止因其为皇帝的亲生父亲而操控政权的可能。

在这三种关系中，第三种关系最容易解决。各方都不愿意此种局面的出现，即便是当事人醇亲王奕譞也没有这种能量和胆量。对醇亲王奕譞的处置，因为事情涉及太上皇的担忧，这是慈禧等首先要考虑的，鉴于醇亲王奕譞的性格和处境，此事也是比较好办的。1875年1月15日，清廷讨论了"醇亲王辞免差事折"，恭亲王对此十分警惕，称只应保留亲王虚衔，而开去一切差事，并称"但愿千百年永永是此（亲王）名号"。17日，再议此事，翁同龢上密折请求为奕譞保留"神机营差事以资弹压"。建议未被慈禧采纳，密奏留中未发。①朝廷的处置是："皇太后懿旨：本日据醇亲王奕譞奏，旧疾复发，恳请曲赐矜全一折，览其所奏，情词恳挚，出于挚诚。"批准其辞去全部差事的请求。②

第二种关系比较棘手，不过，同治皇后毕竟无拳无勇，随即，又很快去世，该问题部分得以解决。但也成为后来事件的引子。

第一种关系最为复杂，因其直接牵扯到帝位和传统的正统观。正统危机在选定继嗣者的当下即已经发生，慈禧提出方案后，"诸臣承懿旨后，即下至军机处拟旨，潘伯寅意必宣明书为文宗嗣，余意必应书为嗣皇帝，庶不负大行托付，遂参用两人说定议。亥正请见，面递旨意，黄面红里，太后哭而应之，遂退"③。从此记述看，太后只是提出人选，细节并无细致考虑，而是由近臣来弥缝。翁同龢、潘

---

① 《翁同龢日记》第二册，第1088页。
② 《清实录·德宗景皇帝实录》第52册，第76页。
③ 《翁同龢日记》第二册，第1086—1087页。

祖荫两位朝廷近臣的讨论一下子抓到了问题的关键，就是如何处置同治、光绪两帝间的平衡，为光绪立嗣寻找入乎情理的解释，缺乏个中经验的慈禧在立嗣时对此的应对准备是不足的。

　　果不其然，光绪即位不几天，风潮就已起来。光绪元年正月癸丑，内阁侍读学士广安首先将问题提出，称"窃维立继之大权，操之君上，非臣下所得妄预也"。但是因为此事的处置于"理"上仍待"稍微变通"，所以"又非臣下所可缄默也"。广安奏折主要是为同治鸣不平，"想大行皇帝冲龄御极，蒙两宫皇太后垂帘励治，十有三载，天下底定，海内臣民方将享太平之福，乐熙（皞）之世。讵意大行皇帝皇嗣未举，一旦龙驭上宾，……幸赖两宫皇太后坤维正位，择继咸宜，以我皇上承继文宗显皇帝为子，并钦奉懿旨，俟嗣皇帝生有皇子，即承继大行皇帝为嗣等因。钦此。仰见两宫皇太后，宸衷经营，承家原为承国，圣算悠远，立子即是立孙。不惟大行皇帝得有皇子，即大行皇帝统绪亦得相承勿替矣。计之万全，未有过于此者。"上面都是些冠冕堂皇的话，下面才是广安想要表达的意思，"惟是奴才尝读宋史，窃有感焉。昔太祖遵母后之命，传弟而不传子，厥后太宗偶因赵普一言，传子竟未传侄，是废母后成命。遂起无穷斥驳。"有鉴于此，如果"当日后诏命铸成铁券，如九鼎泰山，万无转移之理。赵普安得一言间之。"故而，"则立继大计，成于一时，尤贵定于百代，况我朝仁让开基，家风未远，圣圣相承，夫复何虑！"但是，"第恐事久年湮，或有以普言引用，岂不负两宫皇太后诒厥孙谋之至意乎！"所以广安建议将"我皇上将来生有皇子，自必承继大行皇帝为嗣，接承统绪"的安排,"即请饬下王公大学士六部九卿会议,颁立铁券,用作奕世良模"。就是用"颁立铁券"这一封建王朝的最高立法方式将此事固定下来,成为一项不容替代的制度性安排,以防止日后有变。广安的奏折并没有深究继嗣中的各种矛盾,只是要求将既定安排用更稳固的方式定格下来。但这也触犯了慈禧的敏感神经。"兹据内阁学士广安奏请饬廷臣会议颁立铁券等语。冒昧渎陈,殊堪诧异,广安著传旨申饬。"①

因事涉天子,并非一己一姓的家务事,而是天下之事。中国的士人们又有着一个不绝如缕的传统,视天下为己任,"言谈微中"的狂优和持"道"不屈的君子,即使在中国历史上最黑暗的阶段也没有绝迹。正是因为这些人物的前仆后继,保持着中国政统和道统的基本稳定。何况慈禧所行是悖逆不道之事。要想堵塞天下悠悠众口是不可能的。

1875年3月27日,同治皇后死,坊间流言甚多,"后崩在穆宗升遐百日内,道路传闻,……奇节不彰,何以慰在天之灵?何以副兆民之望?"1876年6月17日,御史潘敦俨又挺身发难。"有潘敦俨者,字清畏,籍江宁,总督铎子。……官工部郎中,迁御史。默念穆宗嗣统未有定议,孝哲毅皇后又仰药殉,遂疏请表彰穆后潜德,更谥号,并解醇亲王奕𫍯职任。"潘氏的入奏称:皇后阿鲁特氏"道路传闻,或称伤悲致疾,或云绝粒陨生"。这都是在暗指同治皇后是由慈禧勒逼而死,大犯忌讳,太后下旨"斥其以无据之词率登奏牍,实属谬妄,交部严议"。严议的结果是罢官免职。天下有道,君子出

---

① 朱寿朋编:《光绪朝东华录》(一),中华书局1958年校点本,第4页。

而扶持君主,天下无道,君子归当隐士。此后,潘敦俨"归隐于酒,阅二十余年卒"①。

严厉惩处之下,挺身赴义者仍然不绝如缕。君臣父子为中国传统理念的大纲,中国古代家、国不甚分的体制使君权渗透着父权,君臣关系某种程度上映衬着父子关系,反之亦然。"父母"的身份既强化了君权的不可置疑性,又多少将统治者拉向了人间,减少了君权的神性而增加了其人文色彩,帝位不是神坛,将皇帝视为所谓天子,并非就是真正的天之子,而更多的是人之君,正如父母不会不犯错误一样,皇帝也非永远正确无误,因此就有接受训导规劝的必要。臣民的"子弟"身份使之只能安之于被统治者的地位,但同时也使"子弟"们多少保有了一些规劝长辈的传统义务。中国古代谏诤观源远流长,《诗·周南·关雎·序》:"上以风化下,下以风刺上,主文而谲谏,言之者无罪,闻之者足戒。"《汉书·郅恽传》:"臣为陛下孝子,父教不可废,子谏不可拒"都是讲的这个意思。士大夫自古即有"定臧否,穷是非,触万乘,陵卿相"、"自置于必死之地"而不辞的志气。不消说,这除了传统儒家"以天下为己任"的信仰外,更与中国家国不甚分的制度政体有关,因此,"规谏"渐行发展成为一种非常重要的政治文化传统,并得到充分的阐扬与推动,士子是这种传统的中心承担者,以"帝位之师"自居。②晚清,士子的这一地位存在已经斑驳陆离,前几次谏言均被驳回或严谴,无奈中,只得

---

① 《清史稿》第41册,中华书局1977年标点本,卷445,第12463页;第30册,卷240,第8931页。另参《翁同龢日记》第三册,第1213页。
② 参阅阎步克:《士大夫政治演生史稿》,北京大学出版社1998年,第96页。

以激切手段来规劝。

于是乎，更严重的事件发生了。1879年（光绪五年），居然有官员以最激烈的方式将问题不容回避地提出。

这年，同治帝后归葬蓟州惠陵，4月11日，两宫太后、光绪皇帝及大批官员出京送葬，14日，抵达蓟州南关，17日，举行正式的迁奠礼，19日，两宫回返北京，20日，返回皇宫。奉安典礼平静结束。不期想，5天之后，却出现惊天大案：有人实行尸谏。

报告是几天后才送上来的。4月29日，蓟州知州刘枝彦报称，接到州属马伸桥的乡保张利26日的禀报：说是自12日以来，有一随差之人借住在"本街东头三义庙"，到25日夜间居然服毒身死①，尸检时发现死者属于吏部的官员，身上留有遗折。刘枝彦的报告按级报到顺天府，又转呈死者所属的吏部，吏部尚书大学士宝鋆等"接阅之下，不胜骇异。当即亲诣看验，知系吏部吴主政名可读在此服毒殒命，遗有封存密折一匣，遗书嘱为转呈吏部代递，并有出蓟州境界一步，即非死所等语"。按照规定，部署呈递的代奏折件，首先要由该部堂官共同开启查阅，如果没有违悖字样，才能转奏皇上。但鉴于吴可读以死来相求代递遗折，而且遗折是封存的，吏部的官员"既未便拆阅，又不敢壅于上闻，谨将原封奏折恭呈御览"②。传统社会，武死战文死谏是报国忠君者的最高境界。一个人到了拿自己的性命相拼相酬的时候，是什么都豁出去了，什么都不顾忌了。吏

---

① 吴可读先是自缢，未绝，转而服毒死。见《清史稿》第41册，卷445，第12461页。
② 《光绪朝东华录》（一），第724—725页。另参梦源题签：《竹义斋杂录》，存鉴辑：《春梦阁丛录》。

部堂官知道这一定牵扯到重大而敏感的事件,所以违背规定,不拆视就径行上报太后。

此事过于重大,方式也过于激烈,案发后,朝野间已有传闻,慈禧等也无法遮挡隐瞒。5月7日吏部将此事上奏,当天,慈禧就有懿旨:

> 吏部奏主事吴可读服毒自尽,遗有密折,代为呈递,折内所称请明降懿旨,预定将来大统之归等语,前于同治十三年十二月初五日降旨,嗣后皇帝生有皇子,即承继大行皇帝为嗣。此次吴可读所奏,前降旨时即是此意。著王大臣、大学士、六部九卿翰詹科道将吴可读原折会同妥议具奏。①

懿旨反应迅捷,言辞得当,不但为以后的说辞定下了大原则,还进行了铺垫和留有了余地,后来大臣的奏疏多以此为立论之言。两天后,遗折发下交群臣讨论。②

吴可读(1812—1879年),甘肃皋兰(今兰州市)人。出身于书香门第,耕读世家,道光三十年进士。北京大学图书馆藏有其手抄本《吴御史可读手泽》,其中抄录的多是历代著名官宦文人的忧国忧民忠君爱国之作,如陆游、杜甫的作品,陆贽的奏议,徐贤妃的《息兵罢役书》以及林则徐的禁烟奏疏等。可以看出吴氏的思想基点。其引起朝野舆论大哗的遗折分几层意思。

---

① 《光绪朝东华录》(一),第727页。
② 此遗折载于《清实录》和《光绪朝东华录》等官方文书中,相比之下,前者的言辞有某些隐讳,故而征引后者。见《光绪朝东华录》(一),第726—727页。

一是感恩。"罪臣前因言事忿激,自甘或斩或囚,经王大臣会议奏请传臣质讯,乃蒙我先皇帝曲赐矜全。既免臣于以斩而死,复免臣于以囚而死,又复免臣于以传讯而触忌触怒而死。犯三死而未死,不求生而再生,则今日罪臣未尽之余年,皆我先皇帝数年前所赐也。"这是指先前弹劾乌鲁木齐提督成禄一事。成禄在西北军情紧急的情况下,逗留高台7年,不出玉门一步,苛索民间供应30万两银子,并"诬民为逆,围剿良民村庄,冤杀二百余人,反报胜仗"。吴可读因此上奏疏,指控成禄"十可斩五不可缓",轰动一时,成禄被判死缓后,吴坚持认定成禄罪行重大,不杀不足以平民愤,继上《请诛已革提督成禄疏》,其中有名言:"皇上先斩成禄之头,悬之汇街以谢甘肃百姓;然后再斩臣头,悬之成氏之门,以谢成禄。"①《清史稿·穆宗本纪》称:"御史吴可读请将成禄名正典刑……,成禄论斩。吴可读坐刺听朝政降调。"据了解内情的人称,吴可读弹劾成禄获罪,主要是因为成禄是醇亲王奕谖的人。吴氏不依不饶得罪了权贵。吴可读的尸谏,既有感恩因素,以为同治有恩于自己;更有一股愤懑之气,因被免职贬斥,想一死以明心志。与吴气息相投、惺惺相惜的左宗棠就认为吴可读"前劾成禄,开罪醇邸;此次尸谏,当由狷忿之念所激而成,然亦无谓矣"②。吴遭贬黜后,表面上意趣闲然,曾赋诗言志:"圣朝无阙事,小臣愿作不鸣蝉;家无别况,只桂兰绕膝,桃李盈门。今年春胜昔,一堂和气抱孙来。"③一片闲适心

---

① 吴可读:《携雪堂全集》卷一,光绪庚子浙江书局刊本,第17、22、30—32页。
② 《左宗棠全集》第12册,岳麓书社1996年,第566页。
③ 《吴柳堂先生对联》,见存鉴辑:《春梦阁丛录》。

态，想不问国事，作不鸣蝉，抱孙弄诒，但内心却压抑不下愤懑之情，一心忠于朝廷，反被污判。吴死后，卓寿山作挽诗："慷慨从容无古人，植节艰难扶大统，诏书哀悼恤孤臣，先生为官三十年，不逐时世人称贤。一腔忠愤但吟诗，满肚牢骚惟纵酒。遥知二宫还宫日，便是孤臣受命时。上追铖虎以身殉，下比史鲻陈尸谏，中朝大官哀愚忠，遗表封奏达天聪，既舍残躯报圣主，更拼一死回苍穹。传抄谏草贵洛阳，吏部文章日月光。"①

二是原由。"乃天崩地坼，忽遭十三年十二月初五日之变。即日钦奉两宫皇太后懿旨，大行皇帝龙驭上宾，未有储贰，不得已以醇亲王之子承继文宗显皇帝为子，入承大统为嗣皇帝，生有皇子，即承继大行皇帝为嗣。特谕。"最具分量也最让时人传诵的是下面一段话："罪臣涕泣跪诵，反复思维，窃以为两宫皇太后一误再误，为文宗显皇帝立子，不为我大行皇帝立嗣。既不为我大行皇帝立嗣，则今日嗣皇帝所承大统乃奉我两宫皇太后之命受之于文宗显皇帝，非受之于我大行皇帝也，而将来大统之承，亦未奉有明文必归之承继之子，即谓懿旨内有承继为嗣一语，则大统之仍归继子，自不待言。"②公然指责慈禧"一误再误"，责怪言辞里是一腔忠诚，忠君乃至某种愚忠，是吴可读以极端方式建言的最主要的思想缘由。（图17）

三是反驳。"罪臣窃以为未然。自古拥立推戴之际，为臣子者所难言。我朝二百余年祖宗家法，子以传子，骨肉之间，万世应无间然。……名位已定者如此，况在未定。不得已于一误再误中而求一

---

① 《卓寿山作七古一章恭挽》，见傅严霖辑：《吴柳堂先生谏文》光绪六年刊本。
② 《光绪朝东华录》（一），第724—725页。

图17 同治帝死后谥号为"穆宗毅皇帝"并制此谥宝

归于不误之策。惟有仰乞我两宫皇太后再行明白降一谕旨,将来大统仍归承继大行皇帝嗣子。嗣皇帝虽百斯男,中外及左右臣工均不得以异言进,正名定分,预绝纷纭。如此则犹是本朝祖宗以来子以传子之家法,而我大行皇帝未有子而有子,即我两宫皇太后未有孙而有孙,异日绳绳楫楫相引于万代者,皆我两宫皇太后所自出而不可移易者也。罪臣所谓一误再误而终归于不误者,此也。"①

四是说明采取如此激越的手段为不得已。"今逢我大行皇帝永远奉安山陵,恐遂渐久渐忘,则罪臣昔日所留以有待者,今则迫不及待矣。仰鼎湖之仙驾,瞻恋九重,望弓箭于桥山,魂依尺帛,谨以我先皇帝所赐余年,为我先皇帝上乞懿旨数行于我两宫皇太后之前,惟是临命之身,神志瞀乱,折中词意,未克尽明,引用率多遗忘,不及前此未上一折一二,缮写又不能庄正,罪臣本无古人学问,岂能似古人从容,昔有赴死而行不复成步者,人曰:子惧乎! 曰:惧。既惧矣,何不归? 曰:惧,吾私也,死,吾公也。罪臣今日亦犹是。"吴可读并非不惧怕死,但在"大公"与"一己"之间,选择了舍身

---

① 《光绪朝东华录》(一),第726—727页。

赴义。吴可读进而强调："鸟之将死,其鸣也哀;人之将死,其言也善。罪臣岂敢比曾参之贤,即死,其言亦未必尽善。惟望我两宫皇太后我皇上怜其哀鸣,勿以为无疾之呻吟,不祥之举动,则罪臣虽死无憾。宋臣有言,凡事言于未然,诚为太过,及其已然,则又无所及,言之无益,可使朝廷受未然之言,不可使臣等有无及之悔。今罪臣诚愿异日臣言之不验,使天下后世笑臣愚,不愿臣言之或验,使天下后世谓臣明,等杜牧之罪言,虽逾职分,效史鰌之尸谏,只尽愚忠。……罪臣言毕于斯,愿毕于斯,命毕于斯。"①贤人曾参说:"士不可以不弘毅,任重而道远。仁以为己任,不亦重乎?死而后已,不亦远乎?"②武死战,文死谏,在中华传统文明史中自有其境界所在。吴奏折中正以曾参为榜样。吴可读两任书院主持,曾主讲甘肃甘谷县朱圉书院和兰州兰山书院。书院自古为士气聚集扬发之地。士的传统风范对其有极其深重的影响。

五是回顾早有此意,奏折前已经起草。"彼时罪臣即以此意拟成一折,由都察院转进呈递,奏底俱已就草",但是因为其被降职,"不得越职言事,且此何等事,此何等言,出自亲臣重臣大臣,则为深谋远虑;出自疏臣远臣小臣则为轻议妄言;又思在廷诸臣中忠直最著者,未必即以此事为可缓言,亦无益而置之。故罪臣且留以有待,自罪臣以查办废员内蒙恩圈出引见,奉旨以主事特用,仍复选授吏部,尔来又已五六年矣,此数年中,环顾在廷仍未有念及于此事者"。吴可读侄子(吴)宗韶后来写《柳堂先生传》也确认:吴可读"临

---

① 《光绪朝东华录》(一),第 726—727 页。
② 《论语·泰伯》。

行辞其先茔因告家人以其子若侄葬所……，吾年已六十余而圣朝不终弃之，敢不以死报哉！"证明其尸谏早有计划。①遗折又进而说明，尸谏事从头到尾都是自我行动，与主管的吏部堂官毫无干系。"再罪臣曾任御史，故敢昧死具折；又以今职不能专达，恳由臣部堂官代为上进。罪臣前以臣衙门所派随同行礼司员内，未经派及罪臣，是以罪臣再四面求部堂官大学士宝鋆，始添派而来。罪臣之死，为宝鋆所不及料，想宝鋆并无不应派而误派之咎。"实际上，吏部遴选随行官员时，吴可读最初并未被选，其"力谓于长官愿备员以往，人皆笑其迂（此乃一苦差，且礼节要周到，繁文缛礼极多，人多不愿往），而先生则喜甚。行之日，大雪载途，达官扈从者咸苦之。先，先生襆被卻仆役登车遂东，礼成后，诸臣归，先生独留于蓟，僦屋于马伸桥之三义庙。昼则扃户出观乡人之渔于河上，归则秉烛达旦，庙祝异而窥之，见其奋笔疾书，不知何作？居五日，疏成作绝命诗及遗书，嘱其子勿归葬。欲缳首屋梁，高不可及，乃仰药。旦日，匠以薄彗（星）来，庙主大异之。排闼入，则先生已冠带卒矣。盖先已自市于肆云乃白于官，上其事，事闻上震悼赐恤入礼，乡人之好义者，争以地与金输，先生营葬于蓟，时可望惠陵"②。吴可读寻死用的毒药和绢绳都是他从北京带回来的，可见他必死的决心。吴死后，除给朝廷的遗折外，在三义庙居住的几天中，还给三义庙的主持周道士写了六封信，给儿子写了两封信，一封称为《遗训》，其中交待："尔见此信后，不过来蓟州东至三十里之马伸桥三义庙内，周

---

① 见傅严霖辑：《吴柳堂先生诔文》光绪六年刊本。
② 宗韶：《柳堂先生传》，见傅严霖辑：《吴柳堂先生诔文》光绪六年刊本。

老道即知我死葬处所。我已托周老道买一棺木里用沥青，我衣冠已齐全，嘱其将鞋底皮掌割去，即于彼处买一块地，埋我于惠陵左近，岂不远胜于家中茔地。况尔祖父祖母已有尔二叔埋于墓下，不必需我归于先茔也。此坟地自葬尔祖后，尔二叔以家务不能承担，于咸丰九年自裁于京师宅中。今我又因国家大事而亡，人必以为此地不祥，我岂信此等俗说者。尔必以为不可不扶柩而旋，只将我出京时所照小像到家中画全，以此作古来衣冠之葬亦可。何必一定移柩数千里外，所费不少。尔见信后如朝廷以我为妄言加以重罪，断无圣明之世罪及我妻孥之理，尔可速即向通家或有可通挪之处即行拼凑出京，沿途只好托钵而回。万万不可逗留都中，又为尔父惹风波也。我最恨尔多言口快，自今以来只可痛改痛忍，人对尔言，尔父忠，尔并不可言不忠；人对尔言，尔父直，尔并不可言不直。马援诫侄、王昶诫子二书不可不熟读。……书至此泪下搁笔逾时矣。我所带四十余两，除蓟州贤牧伯令周老道置办我棺木葬地外，所余我已尽数送与周老道。尔到蓟州时，先谒见州主贤伯，我已函托矣。尔到三义庙，可再从优给与压惊钱。归京后，俟我此事已定。朝廷查办后，总以速出京为要。"还告诫子孙，可以投靠左宗棠，左定会给吴氏后人一碗饭吃。①另一封是绝笔书："光绪己卯三月二十二日自马伸桥三义庙内父柳堂绝笔。之桓再知，周老道我甚不放心，然亦小人图利尔，不可难为他。我已托州主贤牧伯矣。周道之徒祥霖，因他言父亲出口二十余年，忽接其父信，叫他来口外，我怜他能有孝心，已

---

① 吴可读：《遗训》，郭岚、李崇洸编辑：《携雪堂全集》卷四，浙江书局光绪庚子刊本，第15—18页。

给他川资二两零,此不必令其师知之。尔到时,诸事必与此间州主商酌。此地武官亦好,可以同商,州主刘公甚有政声,今见此事必能悯尔年轻为尔作主。周道只可多酬谢,此亦小人常态,不足责也。我另留阎老道,他支使回庙,亦不过把持欲独自居功耳。至我给他一张纸计五张接连,有缝押,如有裁损痕迹可告知刘公,不能不追出所嘱周道纸,此我亲笔,尔全行取回,只叫他另抄一单,以作于他无干,并一切照应凭据。此等小人只当念其好,忘其不好处。我一生最恶牵扯他人,今不能不借他庙内以为安息我之地方,棺木只用十余两,葬地不过一席,亦只数金,我罪臣不可厚也。若他能叫阎道来更好,尔亦可厚谢之。此地恒德堂药铺内石掌柜与我只一面,尔亦可约同照料,伊如怕干连可以罢了。我自二十日到马伸桥庙内居住,租银五两,尚未付,尔一并算付可也。我只所以迟迟到今日者,以国家正有大事,岂可以小臣扰乱宸听。"还说,他给儿子的两封信不妨给别人看,但是上奏朝廷的奏折不可拆看。在给周老道的信中称:"周老道知之,万勿恐慌,我并非害尔者。只不能不借尔清净之地归我清白之身。尔可即速一面报知州主,一面用银数两市一薄材用沥青刷裹,我衣冠俱已齐备,只将鞋底皮掌割去,速即装殓入棺。州大老爷想亦无可相验,我并非因冤仇而死。俟其看视后,即行封钉。缝子多用漆,漆几层即俟朝廷查办。后可用数两买一不系山陵禁地一块速速入土。"临死前给又给周老道写了一封信:"知我因住屋与尔师徒逼近,恐其惊醒尔等解救,则吾事败矣。故用自己由京带来洋药服之,则缢首之时尔等救亦无济。总之与尔无干。尔却不可似这几日,诸事把持,即尔徒亦不令承办我事,尔须好好尽心速速报官"。①吴可读可说是从容安排好后事,事无巨细,一一嘱咐。

5月9日,朝中的重要官员赴内阁"公同阅看"吴可读遗折。15日,太后和光绪于东暖阁召见重要大臣,询问吴可读事件的处理,翁同龢等"具以古今典礼,本朝不建储之说对。上意踌躇良久,则又以大统所归即大宗所系,次第详陈,仰蒙首肯再三"②。21日,重要官员又在内阁集议此事件。事情实在太大,又是一个道统干预政统,臣下建言立论的绝大题目。臣僚特别是此时活跃于朝中的"清流"纷纷入奏。(图18)

图18 翁同龢像

对吴可读事件反应,依其和皇室关系的亲近成反比。愈是和皇室关系密切的人反应也愈是谨慎,他们对慈禧立嗣多有不满,但表示起来又多有顾虑。于此微妙内情,光绪帝师翁同龢有记述,他曾经和同僚徐桐、潘祖荫联名拟写了一份奏折,先将"折底交

---

① 《携雪堂全集》卷四,第19—21页。
② 《翁同龢日记》第三册,第1419页。

恭邸，恭邸意以为不然，而不加驳诘"，也不讲其不以为然之处何在。转将底稿转送军机大臣礼亲王世铎，也只是"唯唯而已"。只有惇亲王的反应强烈，"阅之坠泪"。但也没有任何具体言辞和具折。① 有意思的是，相比起满人亲贵圈子来说，处在更外圈的汉臣的表现却更大胆，其中原因可能因为一是儒家传统浸润更深，以天下为己任的感受更强烈；再是身份不一样，处在圈外，说话反而顾忌更少。

三位尚书徐桐、翁同龢、潘祖荫的联名入奏认为吴可读要求"预定大统，此室碍不可行者也"。因为清朝已经有明确的制度规定：不建储贰，"此万世当敬守者也。臣等恭译同治十三年十二月懿旨于皇子承嗣一节，所以为统绪计者至深且远，圣谕煌煌，原无待再三推阐。今吴可读既有此奏，而懿旨中复有即是此意之谕，特命廷臣集议具奏。若不将圣意明白宣示，恐天下臣庶转未能深喻慈衷。臣等以为诚宜申明列圣不建储之彝训，将来皇嗣繁昌，默定大计，以祖宗之法为法，即以祖宗之心为心。总之，绍膺大宝之元良，即为承继穆宗毅皇帝之圣子。揆诸前谕则合准诸家法则符，使薄海内外咸晓然于圣意之所在，则诒谋久远亿万世无疆之休，实基于此"②。此奏折酝酿时间略长，上奏诸人与同治、光绪有密切关联，因此比较重要。

对吴奏的处理，以清流健将国子监司业张之洞的长篇奏疏《遵旨妥议折》最具"新意"，他除了力图为太后辩白，称吴可读虽然"至

---

① 《翁同龢日记》第三册，第1419—1420页。
② 《光绪朝东华录》（一），第741—742页。

忠至烈，然谓其于不必虑者而过虑，于所当虑者而未及深虑也"。除此之外，张之洞解决了建储与立嗣之间的矛盾。清廷原先发布的上谕提出光绪生有儿子即作为同治过继子，如此一来，光绪继嗣咸丰，而其子却要继嗣同治，个中关系怎样理顺？不明确指明光绪生子必须继嗣同治不行，若是指明，又违反清朝不得预立皇储的祖制；而且光绪无子或多子怎么办，生子不贤又怎么办？面对这诸多矛盾，张之洞举重若轻地提出了继嗣与继统合在一起同时办理的办法，并为此进行了理论证明："天子，公庙不设于私家，苟不承统，何以嗣为？"就是帝嗣的继承与寻常百姓不一样，从帝嗣来说，"继嗣，继统毫无分别"。张之洞的说法是将继嗣与继统联在一起，但是在继承顺序上进行了颠倒，就是先不为同治立嗣，而是将继嗣与继统在同一时间段进行，继承光绪帝位之人也就是继嗣同治之人，两下里同时完成。这为调处立嗣懿旨和吴可读奏折，调处如何遵循不建储的祖制与为同治立嗣，调处此前、当下和将来等各种复杂关系打开了一种思路。后来朝廷上谕即以此点来立论。无怪乎，军机大臣王文韶要称在有关吴可读案的林林总总的上疏中，"透达切当，以张之洞一疏为最"①。（图19）

有意思的是，对吴可读事件，所有建言者均为汉臣。但有一人例外，就是翰林院侍读学士宝廷。宝廷系宗室，隶满洲镶蓝旗，郑献亲王济尔哈朗八世孙。以敢言著称，清流健将。在王公大臣煞有介事递上议奏之后，宝廷很是不满，认为只是一纸官样文章，没有解决问题，他自己又单独上了一份奏折。奏折首先为慈禧辩解：

---

① 《王文韶日记》上册，中华书局1989年点校本，第473页。

图 19 张之洞旧照

"将来即以皇上所生之皇子承继穆宗毅皇帝为嗣。非言生皇子即时承继也，言嗣而统赅焉矣。引伸之，盖言将来即以皇上传统之皇子承继穆宗毅皇帝为嗣也。因皇上甫承大统，故浑涵其词，含意未伸，留待皇上亲政日自下明诏，此皇太后不忍歧视之慈心，欲以孝弟仁让之休归之皇上也。而惜乎天下臣民不能尽喻也。广安不能喻，故生争于前；吴可读不能喻，故死争于后"。以此解释吴可读遗折中提出的疑问，不是"生皇子即时承继也"。所以，吴可读的担心是多余的，"两宫懿旨悬之于上，孤臣遗疏存之于下，传之九州，载之国史，皇上若竟信佞臣谄媚之语，违背慈训，弃置忠言，何以对天下后世。背义自私之事，乡党自好者不为，而谓圣人为之乎？此固可读之忠心，而实过虑也"。宝廷还提出来一个很重要的建议："并请将前后懿旨与广安、吴可读及此次与议诸臣奏议存之毓庆宫，俟皇上亲政日，由毓庆宫诸臣会同军机大臣恭呈御览，自必明降朱谕，宣示中外，将来传统之皇子承继穆宗毅皇帝为嗣。俾天下后世咸知我朝家法远越宋明，皇太后至慈，皇上至孝至弟至仁至让，且以见穆宗至圣至明，付托得人也。岂不懿钦。如是，则纲纪正，名分定，天理顺，人情安，伦常骨肉，无嫌无疑。又何至违我朝家法，蹈前代覆辙，遗憾于母子兄弟君臣之间哉？"①宝廷单独上折的做法为意见歧异者树立了榜样，徐桐、潘祖荫、翁同龢三位的奏折原准备附在王大臣集体入奏的后面，"以宝廷亦有说帖，不欲抄附，拟单递，因请余辈亦单递"。②宝廷还有诗挽吴可读："大雪漠漠连蓟

---

① 《光绪朝东华录》（一），第742—743页。
② 《翁同龢日记》第三册，第1420页。

门,冻云愁结忘阳春。单车冬去号孤臣,孤臣一去生不还……,圣朝纳谏优直言,伏阙抗疏争纷纭,以死建言公一人,吁嗟乎!直谏容易死殉难。"①后来,《清史稿》曾以吴可读事件为标准来品评人物:"(黄)体芳、宝廷、(张)佩纶与张之洞,时称翰林四谏,有大政事,必具疏论是非,与同时好言事者,又号'清流党'。然体芳、宝廷议承大统,拳拳忠爱,非佩纶等所能及也。"②

比较起来,王公大臣们遵旨拟议的奏稿比较四平八稳,了无新意。此奏稿集中了5月21日众人的讨论意见,于30日由世铎领衔发出。"臣等恭查雍正七年上谕有曰:建储关系宗社民生③,岂可易言,我朝圣圣相承,皆未有先正青宫而后践天位,乃开万世无疆之基业,是我朝之国本至深厚者。愚人固不能知也。钦此。跪诵之下,仰见我世宗宪皇帝诒谋之善,超亘古而训来兹。圣谕森严,所宜永远懔遵。伏思继统与建储,文义似殊,而事体则一。建储大典,非臣子所敢参议,则大统所归,岂臣下所得擅请。……吴可读以大统所归,请旨预定,似于我朝家法未能深知,而于皇太后前此所降之旨,亦尚未能细心仰体,臣等公同酌议,应请毋庸置议。"此奏完全站在慈禧立场上,认为大统之事,臣下不得议论,并引用先朝的储

---

① 见傅严霖辑:《吴柳堂先生谏文》光绪六年刊本。
② 《清史稿》第41册,卷四四五,第12460页。
③ 雍正元年八月甲子,雍正皇帝在乾清宫西暖阁召见大臣宣布:实行储位密建制。"今朕诸子尚幼,建储一事必须详慎,此时安可举行。然圣祖既将大事托付于朕,朕身为宗社之主,不得不预为之计,今朕特将此事亲写密封,藏于匣内,置之乾清宫正中,世祖章皇帝御书正大光明匾额之后,乃宫中最高之处,以备不虞。诸王大臣咸知之。"《清朝文献通考》卷二四二,考7012,浙江古籍出版社2000年影印本。

位密建作说词,对吴可读折进行辩驳,意思无多。① 收到王公大臣的联奏后,朝廷对此事进行了断:

> 钦奉……皇太后懿旨,本日王大臣等遵议已故主事吴可读请预定大统之归一折,并尚书徐桐、翁同龢、潘祖荫,翰林院侍读学士宝廷、黄体芳,国子监司业张之洞,御史李端棻另议各折,览奏大略相同,前于同治十三年十二月初五日降旨俟皇帝生有皇子即承继大行皇帝为嗣,原以将来继绪有人,可慰天下臣民之望,第我朝圣圣相承,皆未明定储位,彝训昭垂,允宜万世遵守,是以前降谕旨未将继位一节宣示,具有深意。吴可读所请预定大统之归,实于本朝家法不合,皇帝受穆宗毅皇帝托付之重,将来诞生皇子,自能慎选元良缵承统绪,其继大统者为穆宗毅皇帝嗣子,守祖宗之成宪,示天下以无私,皇帝必能善体此意也。所有吴可读原奏及王大臣等会议折,徐桐、翁同龢、潘祖荫衔折,宝廷、张之洞各一折,并闰三月十七日及本日谕旨,均著另录一份存毓庆宫。至吴可读以死建言,孤忠可悯,著交部照五品官例议恤。②

先前懿旨下令只是交王公大臣六部九卿等京官讨论,而将外臣屏蔽在外。朝廷的意思是想把事情局限在一定范围内。但兹事体大,

---

① 《光绪朝东华录》(一),第741页。
② 《光绪朝东华录》(一),第749页。

外间不可能没有议论。事件发生后，远在西北的左宗棠就在私信中说："吴柳堂侍御尸谏一疏，都门传诵，想九重亦必洒然动容。疏中自称'罪臣'，而山陵讫事犹称'大行'，似其微意不以庙号为妥。盖先皇御极，削平大难，在本朝为中兴之主，'穆'之与'毅'，不足尽之，当时定议，固未及详审耳。又，大统之归，自是正义，非感恩图报之私所可托。柳堂为正义而以尸谏，却羼入此节，亦属不伦。此君骨鲠可风，意见微偏，在所不免。其绝命诗亦可诵。遗嘱其孤就我，求周恤，当分廉给之。惟乞归有时，未能代谋久远耳。"左是吴的至交，对吴的为人很是了解，评价也很是到位，特别是对感帝恩图报一节批评得好，将尸谏局限在一己的私利图报上，意境降低。左宗棠还预见到吴可读的尸谏不可能起到太大作用，"吴柳堂原折奉批，词义正大。惟此事自由天定，非人所能为。本朝之不预建储贰，为历代所无，原有深意也"①。

吴可读事件从蓟州到北京，从皇宫到京官，又从北京到外省，从在朝到在野，逐波蔓延，愈益扩大。遥在上海的《申报》对这事也有详细报道：其中的一篇报道题为《读吴柳堂先生遗书敬注》，"吴柳堂先生殉节也，当毅皇帝后永远奉安之时，执事臣工方以恭襄典礼奔走不遑，即举朝诸臣或派职司，或随扈从，或居留守，无不以恭奉大典为幸，只敬观瞻，绝不意百僚中有此身殉先皇之人。凶耗传闻，盈廷震骇，无论知与不知，咸相顾失色矣。于是有谓侍御之死为殊不可必者。……然而昨观其遗折所云与两宫懿旨，乃知侍御之所以倦倦于怀者正在毅皇帝大统之传也，夫继立大事，出自两宫

---

① 《左宗棠全集》第12册，岳麓书社1996年，第486、493页。

裁决，当时臣下莫敢与闻。以毅皇之英明圣武，不为立子而立，显皇之嗣臣子之心不安，而当入承大统之日固已明降谕旨，俟嗣皇帝生有子嗣即承继毅皇帝为子，则天下臣民所共闻共知可预决将来大统之仍归毅皇也，亦复何人而犹敢置议哉。"①而另一日的报道则将吴可读遗折中最激烈的言词摘录。②

吴可读死前，已明示其死后的归葬处。"谓出蓟州一步即非死所。遂成其遗志，葬蓟州。都人即所居城南旧宅祠祀之。"③据称，其坚持坟墓不离开蓟州的主要原因，是要日夜能够看到同治的惠陵（图20），生为帝王臣，死为帝王守陵人，忠君事君也算可以。此举也很是感动了一些人，李鸿章在其题诗中有感言："西望惠陵，穿土而茔，扈从大行，呜呼先生。"④吴死后，三河令捐出十余亩沃田作茔地，而蓟州当局将吴死处"立神龛礼三义即刘关张也"。将吴可读与千古传名的桃园三结义的英雄义士并列。⑤吴可读还留下《绝命词》一首："回头六十八年中，往事空谈爱与思。抔土已成黄帝鼎，前星预祝紫微合。相逢老辈寥寥甚，到处先生好好同。欲识孤臣恋恩所，惠陵风雨蓟门东。"⑥表露出对朝野上下就立嗣之事大多取默认态度不敢反抗的强烈不满。"绝命诗，一时都下遍传，和者甚多。童竖亦悲吴御史（妇人孺子言皆流泪）。市圜处处谱歌词（好事者作为

---

① 《申报》第2181号，光绪己卯初九日，1879年5月29日。
② 《申报》第2178号，光绪己卯初六日，1879年5月26日。
③ 《清史稿》第41册，卷四四五，第12461页。
④ 《携雪堂全集》卷四，第22页。
⑤ 傅严霖辑：《吴柳堂先生诔文》光绪六年刊本。
⑥ 吴可读：《绝命词》，傅严霖辑：《吴柳堂先生诔文》光绪六年刊本。

图 20 惠陵明楼

歌词，传于都市人皆唱咏）。"① 其绝命词和尸谏事还引出诸多唱和：陈宝琛对吴的风节甚感敬佩，诗曰："乾坤双泪眼，铁石一儒冠。"② 张之洞诗云："直以小臣争大计，拼将一死博春秋。"安维峻诗云："一疏动天颜，所言者大；千秋论臣节，如公其难。"蓟州知州刘枝彦诗云："考生前立言立品立教，志节彰彰知此事，断非矫激；看身后遗疏遗书遗诗，情词落落，虽古人何以加兹。"③ 吴可读赴蓟州前曾在苏振记家照了一张小照片，也引出故事，"最怜洛纸从今贵，争取先生玉照看（先

---

① 见傅严霖辑：《吴柳堂先生谏文》光绪六年刊本。
② 陈宝琛：《吴柳堂御史围炉话别图为仲昭题》，《沧趣楼诗集》卷七，第 16 页。
③ 均见傅严霖辑：《吴柳堂先生谏文》光绪六年刊本。

生殉节后，京师购觅遗像者争先恐后，该号居奇昂其值焉"。①而宝廷见到此像后感叹："生未识公面，死乃识公像……，他年地下如相逢，公不识我我识公。"②

吴可读尸谏事件，续后甚至衍生成了某种演义。"光绪己卯春三月下旬，予在京住潘家河沿。是日，天朗晴明，予正午饭，忽见空中有白片纷纷下。亟至庭中视之，六出雪花也，瞬息即化，炊许始止。不知烈日中何以忽然落雪，甚异之。数日即闻吴柳堂侍御尸谏事。……京师同官同年等为设祭于文昌馆，挽联无数，惟黄太史贻楫一联最洒脱，云：'天意悯孤忠，三月长安忽飞雪；臣心完夙愿，五更萧寺尚吟诗。'"③

前面较多地讲述了吴可读事件，是想以此反映清朝最高权力结构中的某些常态和变态，说明在最高统治权的交接上，制度外的因素（垂帘听政）是如何破坏现成制度的，固守定制者又是如何力图维护制度而又未遂的；在封建王朝体制下，道统与政统互为作用从而维系着正统，政统不顺畅时，道统每每出来匡复使其回归正统。晚清，这点努力是失败了。

清朝实行储位秘建制，是中国帝位继承史上的一大变迁，皇位继承人虽被秘密确定，但一无官署，二无属员，储位与储权分离，没

---

① 傅严霖辑：《吴柳堂先生谏文》光绪六年刊本。此一小情节亦可佐证摄影这一近代文明的产物在北京最早出现的历史。一般认为：光绪十八年（1892）由任景丰开设的"丰泰照相馆"是北京最早的照相馆（参见程季华主编：《中国电影发展史》(1)，中国电影出版社1980年，第14页），但苏振记照相馆的这一段插曲却说明北京的照相史或可往前追溯。
② 《携雪堂全集》卷四，第26页。
③ 坐观老人：《吴可读尸谏》，《清代野记》，重庆出版社1998年，第53页。

有办法构成一个独立的权力系统。咸丰之后四朝，因皇帝只有独子（咸丰）或无子（同、光），储位秘建无从实行，但都是在皇帝临终前，才确立储君，立即即帝位，无从建立储权。所以，威胁所在，已不是帝位继承人，这有制度在那儿保障；晚清对最高统治权威胁最大的是来自垂帘听政和慈禧干政，由此而来，帝位继承制遭到空前的破坏，晚清的皇权因此一直处在非正常的状态，皇权继承一直处在相对紊乱的情形。从这里生出了诸多重大变故。由此思路以进，才容易理解光绪朝帝后党争的由来，理解堂堂大清朝的皇帝光绪居然被囚，理解慈禧戊戌年的政变和己亥年的建储所自何来。由此也从制度层面预示着，中国历行数千年封建帝位继承制的诸多不适，延至近代，这一制度已经陋弊百出，一种更合理更进步的制度取代已呈必然。

第二章 快一拍的军制建设

在清朝制度化改造进程中,最早进行的是军事制度的改造,它比其他制度改造都要先行,进而拉动了其他制度的改造进程。

一 八旗与绿营

八旗与绿营是迄19世纪50年代之前清朝的基本军队建制。以八旗而言:是由旗人组成的军队。1601年,努尔哈赤在牛录制的基础上建黄、白、红、蓝4个旗。1615年,增建镶黄、镶白、镶红、镶蓝4个旗，共为八旗。每旗（满语称"固山"）统辖5个参领（满语称"甲喇"），每个参领统辖5个佐领（满语称"牛录"）。初建时每牛录300人，每旗7500人，八旗共60000人，其后佐领人数渐增，但八旗的数目不变。凡满族成员分隶各佐领，平时生产，战时打仗。皇太极时，增设蒙古八旗，兵员16840人；汉军八旗，兵员24050人。并设都统之职，为旗主以下各旗的军政长官。入关后，建立起常备兵制。以正黄、镶黄、正白为皇帝的亲兵，地位较高，称"上三旗"，其他为"下五旗"。八旗最初兼有军事、行政、生产的职能，后来生产的意义日益缩小，军事职能日见突出。八旗采用世袭兵制，在年满16岁以上的八旗子弟中挑补旗兵。清朝统一后，定八旗兵额22万人，分为京营（禁旅八旗）和驻防（驻防八旗）两大类别，隶属关系也不再归属于旗主而是归属于朝廷。因兵力较少，驻防八旗的驻防原则以重点驻防和集中机动相结合，重北方轻南方，尤其重视东北"龙兴之地"，重内陆轻海防，尤其重视京师重地。按照这些原则，畿辅、热河及陵寝围场驻17000人，绥远张家口驻20000人，东北驻40000人，以上是驻防的重点和八旗的机动武装力量所在，遇有战争，可随时调动。此外，西北驻18000人，东南沿海驻18000人。（图21）

图21 正黄旗军旗

八旗兵力仅22万，对于控制偌大中国显然不够分配。入关后，便招募汉人和收编来的汉族武装另立军种，以绿色旗帜为标志，以营为基本建制单位，所以称绿营兵。绿营分马兵（骑兵）、战兵（机动野战部队）、守兵（守备部队）和水师。其逐级编制为标、协、营、汛。各省由提督、总兵统辖，全国有水陆提督23人，总兵83人。绿营兵额不定，最多的时候是嘉庆朝，达到66万多人。相比起来，绿营兵在武器装备、政治待遇、兵饷俸禄各方面都要低于八旗兵，每位绿营兵的粮饷不及八旗兵的三分之一。

清朝入关前后，八旗兵骁勇善战，以20余万兵员抗衡明朝，击败李自成的军队，统一全国。此后，旗人除做官当兵外，按规定不得自营生计，故而入关后游手好闲之众愈来愈多，渐渐养成游惰习气，战斗力大为下降。终于在鸦片战争中，积弊败露无遗。

1840年6月21日，英国东方远征军抵达广州珠江口外，鸦片战争爆发。初至中国的英军，人数不到7000，后陆续增兵，到战争结束时，约2万人。清朝军队方面，前后共动员10万兵力迎敌，与英军兵力之比，占较大优势。但战争的结局，却迥出当时国人的意料之外。[①] 在整场战争中，英国侵略军横冲直撞，攻城陷地。清王朝尽管从全国各地调集精兵良将，动用了可能动用的武器装备，却几乎未能打过一次大的胜仗，没能守住一个重要阵地。英军在战争中死亡人数不到500人，其中绝大部分还不是在同中国军队的作战中战死，而是在占领中国期间因水土不服等原因而病死（据亲自参加占领舟山的英国海军上尉奥塞隆尼的统计，仅从1840年7月13日到12月31日，只在浙江舟山一个地方，英军的病死人数就有448

---

① 茅海建：《天朝的崩溃》，生活·读书·新知三联书店1995年，第48、56页。

人①）。但清军一面却死亡惨重，直接战死的人数就达两万，至于人民生命财产的损失更是无法计算。战争的结局为什么对中国那样地严酷？中国人战败的最主要的原因何在？

战后的一段时间，官僚社会比较一致的结论是"器不如人"，就是兵器不如人。战时先后担任直隶和两广总督负责与英方交涉的琦善曾对英军兵舰进行过调查："现到英吉利夷船，式样共分三种。其至大者……舱中分设三层，逐层有炮百余位（笔者按：当时清军水师战船配炮一般在10门之内），……其每层前后又各设有大炮，炮位之下设有石磨盘，中具机轴，只须转移磨盘，炮即随其所向。其次则中分二层，吃水较浅，炮亦不少。又其次据称名火焰船，……其后梢两旁内外俱有风轮，中设火池，上有风斗。火乘风起，烟气上熏，轮盘即激水自转，无风无潮，顺水逆水，皆能飞渡（笔者按：这是指当时新发明不久的使用蒸汽机为动力的舰船）。"②这是舰船的情况，武器弹药方面，英军的优势更明显。1841年1月7日，在广州虎门口外爆发了大角、沙角战役，首次亲见英军炮火威力的广东大员受到极大的震慑，特别是英军使用的开花弹更给清朝官兵造成很大的恐怖感，"该夷现在所用飞炮子内藏放火药，所至炸裂焚烧，不独为我军所无，亦该夷兵械中向所未见。经此次猖獗之后，我师势必益形气馁"③。

---

① 奥塞隆尼（Ouchterlony J.）：《对华战争记》，中国第一历史档案馆编：《鸦片战争在舟山史料选编》，浙江人民出版社1992年，第558页。另参Public Record Office, F.O. 17/61。

② 中国第一历史档案馆编：《鸦片战争档案史料》第二册，天津古籍出版社1992年，第290页。

③ 《鸦片战争档案史料》第二册，第771页。

差距是显而易见的。鸦片战争后,时代先觉者们提出的挽救国势的第一方略就是"师夷长技以制夷"。所谓"长技",主要是指技术和器物。那时的国人并不认为中国的精神文化典章制度有什么不好。所欠缺的只在技术领域,尤其是军事技术领域。"该夷人除炮火以外,一无长技"[①],师夷、造舰制炮以自强,这便是中国官绅对西方文明的早期认识。鸦片战争之后的一段时间,执政者和主流意识还不认为或是不承认自己的军队不行,八旗绿营的军人不行,他们只承认中国军队的兵器不行,也就是说不是人不行,而是器不利。

但是,这种认知被随后而来的太平天国所击碎。19世纪50年代前后,西方宗教首先在一些处在社会下层的文人和民众中发挥效力,进而掀动一场社会风暴——太平天国运动。在中华文明史上,类似于太平天国那样深受西方宗教影响而引发如此大规模的民众运动的史例几乎是仅见。洪秀全(1814—1864年),自称被"天父"上帝认作"真命天子",封为"太平天王大道君王全"。除了洪秀全外,另一领导人杨秀清则在道光二十八年(1848年)三月初三日取得"代天父传言"的资格,他以上帝名义发出的第一道指令是:"高老山山令遵正,十字有一笔祈祈","高老"即指上帝,"山山"组合起来是"出"字,"十字有一笔"为"千"字,合解作"上帝出令千祈遵正",透射出上帝君临一切的霸气。还有一领导人萧朝贵也于同年九月九日获得"代天兄传言"资格,成为耶稣的化身再现。这批被陆续请到人间的基督世界的领袖们,将"拜上帝教"定为国教,推崇上帝

---

① 中国史学会编:中国近代史资料丛刊《鸦片战争》(一),神州国光社1954年,第122页。

为独一真神,实行严格的无偶像崇拜的一神教。信奉上帝无处不在的圣典和人人在上帝面前均享有原罪的平等观,遵守安息日和各项宗教仪式,进而实行国家、军队、全民的宗教化。1851年初,"拜上帝会"这支西方宗教与中国农民相结合的奇异队伍发动了"金田起义",建国号"太平天国"。太平军以宗教作为聚合会众鼓舞士气的精神原动力,其将士被清军俘获后,"加之刑拷,毫不知所惊惧及哀求免死情,仗其天父天兄邪谬之说,至死不移"①。按说,太平天国作为一支没有经过任何训练的农民组成的军队,在清军的眼中只是些草莽之辈、乌合之众,远不是清朝职业军人的对手,清军的武器至少在一段时间里,也要远胜于太平军。但是,在太平军的打击下,清朝的八旗绿营却一败涂地。在内战中,战争的格局并不以武器为转移,武器的因素降低,军人的因素凸现。在八旗绿营迅速崩解的同时,两支新的军队——湘军和淮军乘势而起。

二 湘军与淮军

1853年,湖南湘乡人曾国藩开始在家乡组织湘军,1854年2月练成,分水陆两军,共17000余人,开始出省作战。这支军队一经练成,就显示出比较强的战斗力,后来逐渐成为镇压太平军的主力。在制度层面上,湘军与八旗绿营相比有一些不同的特点。(图22)

在选将制度方面,湘军将领大多都是由有知识的文人组成,把

---

① Public Record Office, F.O.931/1265.

图 22 曾国藩像

忠义血性当做选将的第一标准，这批将领受过传统教育，具有保护纲常名教的士大夫骨气。据罗尔纲先生统计，湘军将领有出身可考的有179人，其中书生出身的就有104人，占58%，武途出身的75人，占42%。湘军以书生为将的选将制度，打破了清朝文武分途的用将模式，开创了近代书生从军的先河，改变了自宋朝以来相沿已久的重文轻武的习气，使得一大批中下层知识分子走上投军从戎的道路。战时的文人从军又为平时这批人从政成为封疆大吏创造了条件，对后来中国的士绅军事化的历程影响很大，并为湘军由一个军事集团向政治军事集团的演变创造了条件，为以后湖湘等省的人才辈出奠定了基础。

在募兵制度方面，清朝原来实行"世袭兵制"，曾国藩改行募兵制，主要做法是：原籍招募，士兵由统兵将领自己招募成军；厚饷养兵，官兵俸禄优于绿营，如陆师正勇月饷为4.2两银，绿营步兵为1.2两，马勇为7.2两，绿营骑兵才2两，此外攻城略地有赏银，死伤优给抚恤；取保具结，将父母、兄弟、妻儿的名字一同造册，连坐互保，一人犯规，全家遭殃，将民间"保甲法"移用到军队中来，使兵士不敢轻易犯上作乱和临阵脱逃；"愚兵政策"，模仿明代戚继光的"戚家军"做法，不招城市油滑之人，专招乡野村夫山民，兵营由身体强壮，但没有文化，没有沾染上营伍市侩气的基层士兵组成。《湘军营制》明文规定：募兵以"朴实而有农夫土气者为上"，对"心窍多者，在所必斥"。使当兵、卖命、发财成为此后湖南农民的一大副业。

在军队编制方面，以往清朝军队兵员定制不一，难以合理调配兵力。湘军初练时，一律以"营"为基本定编单位，每个营500人，营下依次设"哨"和"队"。"营"的兵员固定不变，兵力增加，营的数目也增加。此外湘军还增设"长夫制"和"帐篷制"等后勤编制。另外还实行水陆相依的军队编成，陆续建立"内湖"、"外江"、"淮扬"、"太湖"4支水师，装备有从香港进口的洋炮，在两湖江南一带与太平军作战十分适用。

在上、下级隶属关系方面，过去清朝的常备军是制度内的军队,将领的任免权属于中央兵部。湘军一反常规,主要是一支体制外的军队,将领自行挑选下级兵士,兵部无法过问,军官自己招兵自己统领,以同乡、师生、亲友为基础,组成如家人父子,用封建地域观念和乡土感情来增加军队的凝聚力,对内结成死党,对外自成体系,军队由国家武装力量开始部分演变成带兵将帅的私人武装。手握重兵的湘军将领出任地方督抚,又进而把持地方上的财政、民政和司法权力。湘军是中国近代第一个地方性的武装集团,一定程度地开创了晚清督抚专政的局面,开中国近代军阀之先河。这方面的影响,不只在军事制度,而且泛滥到政治制度领域。

1861年下半年,太平军逼近上海。此时的上海已经成为中国最大的工商业城市和清朝税收以及湘军兵费的重要来源地,也是中外人士聚集、具有国际影响的大城市,朝野上下都要求曾国藩派兵增援。曾国藩最初拟定由其弟曾国荃为援军主帅,李鸿章为副帅。但曾国荃希望攻打太平天国的首都天京(今南京),创下剿灭"匪巢"的首功,对援沪不感兴趣。曾国藩只好改派李鸿章为主帅,让皖人李鸿章赴安徽招募淮勇。1862年3月,淮军正式建成,共13个营,6500人,营制一仿湘军,其中的8个营还是来自湘军。淮军最初是作为湘军的分支建立,隶属于湘军,归曾国藩统一指挥。1862年4、5月间,淮军由英国轮船分批运往上海,利用上海充足的饷源迅速膨胀,逐步自成系统。(图23)

湘淮立军之初,主要是对内,也就是主要对付太平天国。但是,正值第二次鸦片战争期间,随着英法联军攻占北京,奇耻大辱之中

图 23 李鸿章像

的无助和无奈,使湘淮将领的目光部分投向"外夷"。太平天国运动方兴时,湘军与太平军激战于安徽安庆,湘军中地位仅次于曾国藩的第二号人物胡林翼(文忠)前往视师,策马登制高点龙山观察。"喜曰:'此处俯视安庆,如在釜底,贼虽强,不足平也。'既复驰至江滨,忽见二洋船鼓轮西上,迅如奔马,疾如飘风。文忠变色,不语,勒马回营,中途呕血,几至坠马。文忠前已得疾,至是益笃。不数月,薨于军中。盖粤贼必灭,文忠已有成算。及见洋人之势方炽,则膏肓之症,着手为难,虽欲不忧而不得也。"①对占据大半个中国的太平军不以为忧,而对区区两艘洋轮却深以为患,是被其技术上的"迅如奔马,疾如飘风"所震慑。这并不是他个人的观感,1861年,曾国藩在日记中写道:"四更成眠,五更复醒。念纵横中原,无以御之,为之忧悸。"②李鸿章也说:"洋务最难着手,终无办法,惟望速平贼氛(太平天国),讲求洋器。"③到19世纪60年代,在中华文明的原有体系中注入西方的物质文明(洋器)渐成某些当权人物的共识。曾国藩把购买外洋船炮看做是挽救时局的"第一要务"。李鸿章也认为:"西人专恃其枪炮轮船之精利,故能横行于中土,中国向用弓矛小枪小炮,故不敌于彼等,是以受制于西人。"④在这些开明者的推动下,被视为中国历史上第一次近代化运动的洋务运动由而发轫。(图24)

以"自强"为要旨的洋务运动首先是从军事起步的。自19世纪60年代后,陆续出现了中国最早的装备西式武器、采用西法教练的陆军——湘军、淮军;出现

图24 胡林翼像

---

① 薛福成:《庸庵笔记》,《庸庵全集十种》,光绪十四年刻本。
② 《曾文正公手书日记》,同治元年七月初四日。
③ 《上曾相》,同治二年四月初四日,《李文忠公全书》(朋僚函稿)卷三,金陵光绪乙巳年刊本。
④ 《筹办夷务始末》(同治朝)卷五,故宫博物院1930年影印本。

图 25 江南制造局厂房旧照

了中国最早的近代海军——北洋、南洋水师;出现了中国最早的近代兵工厂——安庆军械所、天津机器局、山东机器局;出现了中国最早的近代舰船制造厂——福州船政局、江南制造局;出现了中国最早的近代军校——求是堂艺局、天津武备学堂;出现了中国最早的侧重用于军事的近代通讯设施——津沪电报线、天津电报总局。其中一些军工企业建立之初起点便较高,具相当规模。如江南制造局,1867年(同治六年)迁上海高昌庙新址,占地70余亩,分有熟铁厂、气炉厂、机器厂、木工厂、铸铜铁厂、洋枪楼、煤栈、轮船厂等分厂,并在陈家巷设立火箭分厂;其后又陆续兴建气锤厂、枪厂、炮厂、炮弹厂、水雷厂、炼钢厂、栗色火药厂、无烟火药厂;又在龙华镇设黑药厂、枪子厂;在松江建火药库等。产品更新的速度也颇快。"同治四年创办之初,厂中机器均未全备。先就原有机器推广,造成大小机器三十余座,用以铸造枪炮炸弹。六年始造轮船。十三年仿制黑色火药。光绪四年仿造九磅子、四十磅子前膛快炮。五年更造前膛四十八磅、八十磅各种开花实心弹。七年造筒式一百磅药,碰电、热铁浮雷。六年仿造新式全钢后膛快炮。十一年停造轮船,专修理南北洋各省兵轮船只。十七年改造快利新枪,试炼钢料,又造各种新式后膛快炮,及五十二吨、四十七吨大炮。十九年仿制栗色火药。二十一年试造无烟火药。二十四年造七密里九口径新毛瑟枪。"① (图25)

对西方文明的引进效法,不是从其他方面,而从兵工文化肇始。中国的近代化运动很大程度上是由军事所牵动,近代化的改革也多从军事改革开始,这几乎成了整个中国近代化历程中带有规律性的现象。军事改革往往要比其他方面的改革快一拍(19世纪60年代洋务派即已开始从事军事工业,而民用工业的创办迟至70年代后;晚清"新政"亦如此,"新政"其他方面改革从1901年后才铺开,而"新军"的改建从1895年就开始),其他方面的改革又每每由军事改革所引发(近代军事工业需要大机器生产体系,由此引发民用工业的创建;办军队需要钱,由此引发财政改革和近代银行体系的建立;练兵需先练将,由此引发近代军事教育的创办;办新式军队需要学习西方,由此引发制度和思想层面的变化;等等)。但中国的近代化由军事所牵动也有相当的负面作用,当转型社会过渡到现代社会时,军事部门的作用便递减,而军事体制中那种与生俱来的层次化、制式化、纪律化、统一化又恰恰具有某种反现代的品性,这不能不对中国的近代化进程产生影响。②个中现象的发生固然与当时清政府面

---

① 魏允恭:《江南制造局记》,中国近代史资料丛刊《洋务运动》(四),上海人民出版社1961年。
② 参赵中孚:《近代中国军事因革与现代化运动》,台湾"中央研究院"《近代史研究所集刊》第12期。

临太平军和外国侵略者双重军事打击的急迫时局有关，也受当局者传统思维的局限所致，他们多受当时盛行的"经世致用"学说的影响，见识上表现出某种实用、功利、短视的色彩。

19世纪60—90年代中期的洋务运动侧重于物质文明的建设，但与之相伴地势必要引出制度文明的变化，所取得的成果虽然说不上蔚为大观，倒也历历可述。

在生产机制方面：近代大机器工业是一成龙配套的体系，军用工业不可能长久地孤立发展，势必会带动其他的相关产业。制造舰船枪炮需要机器，制造机器需要钢铁，冶炼钢铁需要煤铁矿，煤铁矿开采后需要运输，制造业、钢铁业、采矿业、运输业、动力业互成流程诸环节，缺一不可，这便是近代型的工业制度。李鸿章等便发现："洋机器于耕织、印刷、陶埴诸器皆能制造，有裨民生日用，原不专为军火而设。"于是，"自同治十三年海防议起，鸿章即历陈煤铁矿必须开挖，电线铁路必应仿设，各海口必应添设洋学格致书馆，以造就人才"。①除军用工业外，民用工矿业的兴办提上日程，洋务期间创办的这类企业中具规模的有：上海轮船招商局、台湾基隆煤矿、直隶开平煤矿、上海机器织布局、兰州织呢局等，初步构建了中国大机器工业体系的基石；中国民间开始涉足机器工业，出现了上海发昌机器厂、广东继昌隆缫丝厂等，中国的民族资本主义工业因此发生。中国的近代运输体系也伴随着铁路的兴修开始搭建，然起步很是蹒跚，1873年，英国兰逊－瑞碧公司以祝贺同治皇帝婚

---

① 《置办铁厂机器折》，《李文忠公全书》（奏稿）。《光绪三年复郭筠仙星使书》，《李文忠公全书》（朋僚函稿）卷十七。

礼为名，提出送一条"婚礼铁路"给清朝，被拒绝。三年后，英国怡和洋行在上海自行修建了江湾至吴淞口的铁路，长30里，被国人看做是"异物"，两江总督沈葆桢只得以28.5万两白银购回后拆毁。但近代文明发展的势头毕竟难以阻遏，1878年，李鸿章创办唐山开平煤矿，为便于运输，修筑小铁路，担心引起民愤，最初用马车做牵引动力，继改用小机车；直到1886年才扩筑路轨，轨距四尺八寸半，成为中国铁路轨道的定例，并使用机车牵引。到甲午战前，中国已铺设了由天津经大沽、滦州，并延伸到关外的铁路，全长705里。

　　印刷业的进步也颇引人注目，印刷术曾是中国古代的四大发明之一，但至近代已落伍。1798年，捷克发明家塞尼费尔德发明了石印术，在鸦片战争前已传入广州。影响较大的是由《申报》馆主英国商人美查（E. Major）在华办的点石斋石印局，他于1884年5月在上海创办《点石斋画报》，在其后的20年间风靡中国。由中国民族资本家徐润创办的近代中国最大的石印企业——同文书局则在不长的时间里将《二十四史》、《图书集成》和《全唐诗》等数万种鸿篇巨帙秘籍珍本批量石印推广开去。西洋石印较中式木刻优点很多，1883年，黄式权在《淞南梦影录》中写道："西国石板，磨平如镜，以电镜映象之法，摄字迹于石上，然后傅以胶水，刷以油墨，千百万书不难竟日而成就，细如牛毛，明如犀角。"而几乎与石印技术同时出现的中文铅印术更与现当代的中国印刷术直接相联系。印刷术的改善特别明显地兼具了物质文明与精神文明相时进步的双重效用，石印和铅印术的采用，使书籍报刊的快速批量印制成为可能，且大大降低了印刷费用，为文化书籍的普及化、平民化创造了更优越的条件。姚公鹤的《上海闲话》记载:"闻点石斋石印第一获利之书为《康熙字典》,第一批印四万部,不数月而售罄。第二批印六万部,适某科举子北上会试,道出沪上,每名率购五六部以作自用及赠友之需,故又不数月而罄。"在商人赚取物质财富的同时,我们看到了文化的下移和空前的传播。

物质文明与精神文明的变迁同时引出了制度变迁,其中最突出的是近代类型的国家意识形态监控机制的建立。有清一朝始终关注对意识形态的控制,清代中前期的文字狱是历朝最惨烈的,《大清律例》中有"造妖书妖言"一款,规定"凡造谶纬妖书妖言,及传用惑众者,皆斩(监候,被惑人不坐。不及众者,流三千里,合依量情分坐)。若(他人造传)私有妖书隐藏不送官者,杖一百,徒三年"。[①]但清代对意识形态的监控基本上处于无制度状态,而以帝王的意志和官员的临机监控的形式存在。入近代以后,这一非制度化的手段难以应对迅速扩大的资讯传播媒体和新形势,且法律上是否具合法性也遭到质疑。于是,仿效日本和欧美,从同治朝后,清朝逐步建立了报刊检查制度,完备了书籍检查制度,又在20世纪初叶形成了教科书的检查制度。1906年7月,由商部、巡警部、学部共同制定了《大清印刷物专律》,1908年3月,又正式出台了《大清报律》。(图26)

在生活机制方面:社会生活特别是城市生活也呈现出新的面貌。农业社会那种"日出而作,日落而息"自由散漫的无规律生活方式,逐步被工业社会的快节奏和规律化、制式化的作息方式所取代,都市人开始习惯于上下班制,星期日和固定节假休息制,人们

---

① 《大清律例》,天津古籍出版社1993年,第362页。

图26 《点石斋画报》上的《兴办铁路图》

的劳作和休息也以一种制度化的形式出现,个人必须服从众人,人必须服从机器。这些近代生活制度的建立看似不起眼,其实却与每个人每天的日常生活密切有关,对人类的影响更大。近代市政建设开始起步,1867年,"上海水龙公所"成立,这是中国的第一支城市专业消防队;1881年,英国人在上海开办了自来水公司,都市人不可须臾缺离的饮用水变得更为洁净方便;1886年,上海开始铺设地下水管,街区污水横流的状况得到改善。1882年,上海街市出现了中国最早的15盏弧光电灯,创办人为西方人名德里者。"创议之初,华人闻者以为奇事,一时谣诼纷传,谓为将遭电击,人心汹汹不可抑制……后以试办无害,其禁乃开。"[1]在近代科技文明光照的

---

[1] 徐珂辑:《清稗类钞》,第十二册,中华书局1984年,第6038页。

辉映下，步入近代的文明人在街市华灯下享受着丰富多彩的夜生活。这年夏天，电话（时以英文译音称"德律风"）也在沪滨展示，《淞南梦影录》对此有浓墨重彩的描摹："上海之有德律风，始于壬午季夏。其法，沿途竖立木杆，上系铅线，线条与电报无异，惟其中机括不同。传递之法，只须向线端传语，无异一室晤言。"

在收入和分配机制方面：在大机器工业的作用下，中国社会传统的阶级、阶层结构出现裂变。除了传统社会的农民、地主等阶级外，洋务时期出现了第一批在本国企业中做工的产业工人。中国最早的近代企业家也开始出现，部分士绅投入近代企业及与此相关的各类近代文教机构。洋务运动还诞生了制造业、交通业、金融业、邮政业、出版业等一系列近代职业，形成中国最早的一批近代型的文化人，近代知识分子群势不可挡地崛起，报人、编辑、西医、技术专家、科学家、新式学堂的教员等构成的新自由职业社群与国家的关系，已经完全不同于传统士大夫与朝廷的关系，他们的生活来源也较前有了重大区别，其中稿费制度的形成就是典型例证。1878年3月7日，上海《申报》馆启示："如远近诸君子，有已成未刊之著作，拟将问世，本馆愿出价购稿，代为排印。"1884年6月4日《点石斋画报》的征稿启事更标示出价码：如有画作"惟妙惟肖，足以列入画报者，每幅酬笔资洋两元"。稿酬制不仅为近代媒体业提供了可靠优良和源源不断的信息来路，而且为一个或多个新的职业群体（记者、编辑、自由撰稿人、近代型的作家和画家等）的形成与稳定提供了现实基础和制度保障。（图27）

在消费机制方面：中古时代，人们的衣食住行等消费行为均与

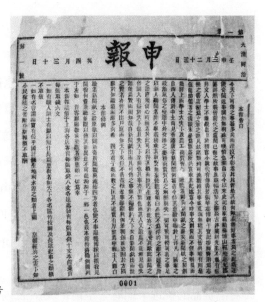

图 27 《申报》创刊号

等级制度相连，与君臣父子的纲常体系相关，各守其道不能僭越是其基本准则，而"变易衣冠"也被清朝统治者所大忌讳。[①] 而近世消费行为的最大转变是等级制被打破，身份制度被混淆，"旧时王谢堂前燕，飞入寻常百姓家"，中国人的消费观念也有了质的变化。开埠以后，价廉、物美、耐用的舶来品以不容阻挡的势头侵夺着传统土货的固有市场。1850年，上海的洋货进口总值为390.8万元，1860年就达到3667.9万元，剧增9倍多。[②] 天津1865年进口洋货总值为7724571海关两，5年后增长到11935176海关两。如果说，这主要还是口岸情况的话，那么，19世纪70年代以后，洋货以更大的规模

---

① 直到1908年时，慈禧还亲自发布上谕，将"变易衣冠"列作"大为世道人心之害"。见中国第一历史档案馆编：《光绪宣统两朝上谕档》第33册，广西师范大学出版社2000年，第300页。

② 张仲礼：《近代上海城市研究》，上海人民出版社1990年，第108—114页。

更快的速度向中国全境蔓延,若以1871—1873年的进口值为100%,1891—1893年即增加到206.6%。①1899年,日本近代中国学的重要开创人内藤湖南到中国北方游历,在北京往张家口途中的南口小镇发现,"南口旅店竟然有西洋式浴盆,以稚拙笔法写道Bathroom,并具备西洋便器,可知一路外国游客之多,亦足知英国人之感化,不可小看"。②洋货的大批量进入造成了传统产业的衰落和劳动力的重新配置。"洋布、洋线、洋花边、洋袜、洋巾入中国,而女红失业;煤油、洋烛、洋电灯入中国,而东南数省之柏树皆弃为不材;洋铁、洋针、洋钉入中国,而业冶者多无事投闲。此其大者,尚有小者,不胜枚举。……华人生计,皆为所夺矣。"另一方面,洋货也使城市居民对消费品的挑选余地有了空前扩大。"及内地市镇城乡,衣土布者十之二三,衣洋布者十之七八。"③洋货还极大地混淆了消费上的等级界限,洋装艳服是哪一个社会阶层的人都可以穿戴的,而且愈是下层的城市民众求新求变的追求也愈强烈,上海的妓女阶层曾在相当时段成为领导中国服饰新潮流的先锋。趋新、求异、逐洋成为时尚,洋货成为人群追逐的对象。服装是人类生活文明变迁的一项具体细微又极具外在易辨的指标特征,中国传统的宽袍阔袖的衣着日渐被更合身特别是更适宜劳作的服饰所替代。在城市人中,"西服""西饰"的影响更为明显,天津卫的"洋人之侍僮马夫辈,率多短衫窄绔,头戴小草帽,口衔烟卷,时辰表链,特挂胸前,顾

---

① 严中平主编:《中国近代经济史统计资料选辑》,科学出版社1955年,第72页。
② 内藤湖南、青木正二:《两个日本汉学家的中国纪行》,光明日报出版社1999年中译本,第84页。
③ 郑观应:《盛世危言》卷七,纺织,图书集成局1896年刊本。

影自怜,唯恐不肖"①。上海滩的时髦派,"女界所不可少的东西:尖头高底上等皮鞋一双,紫貂手筒一个,金刚钻或宝石金扣针二三只,白绒绳或皮围巾一条,金丝边新式眼镜一副,弯形牙梳一只,丝巾一方。再说男子不可少的东西:西装、大衣、西帽、革履、手杖外加花球一个,夹鼻眼镜一副,洋泾话几句"②。此等人的穿戴配饰主要不是来自左近城乡,而是来自大洋彼岸的欧洲美洲,

图 28 晚清的涉外婚姻

他们已具"世界公民"的形象。消费生活逐步打破了封建等级制度的约束,而表现出个性化、大众化和西洋化的特征,尤其是崇洋成为近代消费的重要基调。③(图 28)

在城市机制方面:与工业化相伴而行的是城市化,中国出现了第一次近代城市化的浪潮。中国的城市化水平有了突破性发展,城市更多地由以政治统治中心为主的各自独立缺少联系的传统模型向

---

① 张焘:《津门杂记》卷下,第 137 页。
② 《西装叹》,《申报》,1912 年 4 月 22 日。
③ 谯珊:《近代城市消费生活变迁的原因及其特点》,载《中华文化论坛》,2001 年第 2 期。

以经济贸易为主的网络联结的近代模型嬗变，城市生活方式也更多地由单一、封闭、慢节奏的农业社会形态向多元、开放、快节奏的工业社会形态转化。城市前所未有地在经济上取得了对愈来愈多的农村地区的支配地位，城乡格局或是城乡间的制度关联开始变易，出现所谓"铜山东崩，洛钟西应"的经济现象。农村听命于城市，小城镇听命于大城市，大城市听命于通商大埠，通商大埠又听命于世界各大商场的新经贸制度愈益显现，中国与世界经济一体化的浪潮初动。长江下游、珠江三角洲和华北地区三大市镇密集区逐步形成，特别是以上海为中心的长江下游城市带的崛起。1843年开埠前，上海县的人口只有50万，其中的30万还是远郊人口，真正县城和近郊人口仅只20万，充其量是一个中等规模的城镇，非但不能与南京（1852年为90万人口）、杭州（鸦片战争前夕为60万人口）相比，即便与小桥流水的苏州（鸦片战争前夕为50万人口）相比也等而下之。但是，到了1862年，上海仅市区的人口就已达到300万，一跃成为当时中国乃至世界上的特大都市。[①]上海等城市的跳跃性发展，更多地体现了港口型城市外贸经济的重要性和城市自身工贸、金融、交通运输等急剧发展带来的效应，并由此出现市场的统一化、生产的社会化、移民的归属化、管理的科学化乃至城镇居民生活方式和价值观念的根本位移。一系列近代的城市管理制度也逐步形成。（图29）

制度文明包含极广，既包括政治制度，也包括经济制度，还包括生活制度。在由军事牵动出一系列近代文明机制衍生变动的同时，中国的军事制度和治军者也在发生着深刻变化。1864年，天京被曾

---

① 《北华捷报》，1862年2月21日，1863年3月12日。

图29 清末的上海街景

国荃率领的湘军主力攻占,清王朝最主要的对手失败,湘淮军的主要攻击对象也不复存在。清朝制度规定,一旦军事任务结束,八旗返回营地,绿营返回防地,团勇解散归农,统兵将帅各归建制。湘淮军的起源是所谓团练,其自始便属于非国家"经制兵"的"勇营",游离于国家正规军制之外。按常规,也需要解甲归田。但1864年的时局略有不同,就是天京虽已陷落,太平军余部还在各省活动,更主要的是,在黄河和淮河流域的捻军的势力还十分昌盛。所以,湘淮军这时要部分裁军,但又不能全裁,对此,曾国藩采取了裁湘保淮的策略。

当时曾国藩在江南的军事部署有三支主要部队。李鸿章部,已迅增到120个营,6万之众,再加上淮扬、太湖两支水师,以及少数防军，共 7 万余人。左宗棠部，左宗棠 1860 年率湘军 5000 人进江西，第二年入浙江，1864 年时，兵力扩展到约 5 万人。曾国荃部，即攻打天京的湘军主力，约有 8 万人。这三支主力，曾国荃部大部分裁撤，左宗棠部裁撤 40 余营，并调 2 万人去福建。独李鸿章部裁员最少，兵力仍达 6 万人。

曾国藩为什么裁撤自己的嫡系部队，而保留淮军？除了湘军征战太久，已成强弩之末，思乡心切，兵饷难筹，军队内部哥老会等秘密组织滋生蔓延等原因外，还有一个很重要的深层因素，就是曾国藩的个人原因。天京陷落时，曾国藩的势力声望达到极盛，主要军力和中国最富庶的地区尽在其掌握之中，"当是时，曾文正公督两江，凡湖广、两粤、闽浙等省大吏之黜陟及一切大政，朝廷必以咨之"①。这年，在全国统共 25 名总督和巡抚中，属于湘系或由湘系派生而出的就有 14 人。各种流言很多，有的甚至正式劝其取清朝而代之。曾国藩为一十分有策略的忠诚君子，所以主动裁撤自己的嫡系。这至少从军事制度这一个角度说明，清朝统治仍能在太平天国之后延续近半个世纪而没有连踵发生大的内乱，并非依靠自身制度的维系，很大程度上是依赖人的因素，但人的因素是非常不稳定和极具偶然性的。

湘淮军的出现同时给清朝的既存统治制度造成了多方面的影响。首先，它成为汉族政治集团进一步崛起的重要契机。咸丰以前，中央的军机大臣和地方督抚这两级最重要的位置，任用的汉人有限。湘、淮军出现后很快成为国内最重要的军事集团，仅以淮军而言，提

---

① 薛福成：《庸庵笔记》卷二，第 10 页。

督为清朝最高级别的绿营武官，官品与总督相仿，都是从一品，淮军将领中官至提督者多达55人，至记名提督者更多达105人。随即湘、淮军又由军事向政治层面发展，到咸丰末年和同治初年，清廷不得不授予大批湘、淮军将领以封疆大吏，同治三年（1864年），全国额设10名总督，旗人仅占2缺，汉人占8缺；15名巡抚全都是汉人，清朝向汉族政治势力更大程度开放政权，由此奠定晚清政局中汉族政治地位日见重要的局面。其次，它导致了晚清的军事改革，晚清兵制经历了从八旗、绿营到湘、淮军再到新军的转变，咸丰朝以前是八旗、绿营的时代，咸同以至光绪甲午年间是湘、淮军的时代，甲午战争之后是新军的时代，其间转变的枢纽便是湘、淮军。光绪年间，又有多支异军突起，如宋庆的"毅军"，董福祥的"甘军"，岑毓英的"滇军"，张曜的"嵩武军"等，多仿照湘军而来。湘军制度的重要地位，不仅表现在它曾为清代军事制度一个时期的主流，更重要的是，它在近代中国军事制度的演变过程中，成为从传统兵制向近代兵制过渡的一种承先启后的桥梁。再次，它使地方极大地分权于中央，造成地方势力的膨胀和中央集权的削弱，湘军盛时，清朝重要地方官缺多为其囊中物，两江总督自咸丰十年到光绪甲午年，任其职者，如曾国藩、左宗棠、曾国荃、刘坤一都是湘帅，此外，只有马新贻、李宗羲、沈葆桢三人例外，然而也都是久与湘军共事的。陕甘总督自同治八年左宗棠就任，直到光绪六年卸任，历时11年，此后，杨昌浚、曾国荃、谭钟麟先后就任，也都是湘人。而职责最重的直隶总督也基本由湘、淮系分享，同治朝前期是曾国藩，之后到甲午前一直是李鸿章，张树声短时替代，也是淮系的大将。闽浙总督、两广总督也有同样情况。我们知道，湘、淮军不属于国家的"经制兵"，而是所谓"勇营"，属于地方团练的性质，这一阶段清朝军制经历了"由兵易勇"的变化。这些不属于国家正规部队的"勇营"势必在军权、财权上形成微妙转移，由这些立有战功的军人出任地方官，又形成地方政权的微妙转移，形成所谓内轻外重之势。

湘、淮军是清朝军队中最早使用西式武器、采用新法教练的部队，自此开始了中国军事近代化的过程，但在装备训练近代化的同时，湘、淮军又形成了反近代化的传统，就是军队的私家化。本来，在世界文明史的进程中，军队的近代化包括两个齐头并进互相关联的方面，即装备训练的近代化与军队的国家化相时并进。但中国却出现特例，湘、淮军的产生使这两项指标出现反方向运动，在装备训练近代化的同时，非但没有实现军队的国家化，而是走了一条私属化的道路。此一悖论发展从湘、淮军开始，到北洋军阀达到顶点，国民党统治时期试图解决这一问题，有所谓"国军"的创建，但此"国军"并非真正意义上的国家军队，无论是"中央军"还是"地方军"，无论是"嫡系"还是"杂牌"，大多徒具虚名，实际是大大小小的新军阀的代名。这是近代中国军事的一大特点，一大矛盾和悲剧，是中国近代军阀混战的重要由来。其中的重要起点便是带有近代军阀雏形的湘、淮军。太平军失败后，清政府力图把"勇营"转化成国家的"经制兵"，重建国家在军队中的权威，使军队完全纳入国家的制度化轨道，清朝军制从表面上开始了"由勇易兵"的过程，出现了所谓的"练军"与"防军"，又在中央设海军衙门，由醇亲王奕谭领衔，意图从海军入手，强化中央兵权。但在地方的抵制下，这些"回归制度"的举动收效甚微。

三 再造新军

自湘、淮军崛起,中国也渐次开始了洋务运动,旧史上称之为"同光新政",经过三十几年的发展,中国的国力有了大幅提升。1893年,中国除台湾和东北以外的地区已拥有市镇中心1779个,城市人口达23513000人,城市人口占总人口的6%。①

但中国近代化的过程在1894年爆发的甲午中日战争中遭到了顿挫。甲午战争是一场对原有的东亚国际格局造成根本改观的大战事,它对中国、日本、朝鲜后来的历史造成了某种逆转意义的影响。与中国近代史上的大多数对外战争(如两次鸦片战争、八国联军战争等)不太一样,甲午战争,从物的层面来说,中国是有能力与日本抗衡的。交战前夕,中日两国的力量对比,在国土面积、人口数量、军队数量和国民生产总值方面,中国都占绝对优势。就是直接交战的海军也可以说是各逞其强,尽管从1886年慈禧就已策划移海军军费修颐和园,"以昆明(湖)易渤海,万寿山换滦阳(指处在滦水中游的承德避暑山庄)也"②,以至于1888年后,北洋海军"未添一船"③。但即便如此,在中日交战前夕,中方仍拥有大小军舰78艘,鱼雷艇24艘,

---

① 施坚雅(G. William Skinner)主编:《中华帝国晚期的城市》,中华书局2000年中译本,第264页。
② 《翁同龢日记》第四册,第2060页。
③ 《检阅海军竣事折》,《李文忠公全书》(奏稿)卷七十八。

总吨位8万余吨;日方拥有大小军舰32艘,鱼雷艇37艘,还有用商船改造的军舰4艘,总吨位7.2万多吨。相比起来,中国若干军舰的吨位大,铁甲厚;日本少量军舰的航速略快,炮的射程略远。陆军方面,中国军队的装备也不见得差,当时增援朝鲜等地的淮军装备有毛瑟枪和克虏伯炮,比日军使用的村田枪和青铜炮的性能优越。所以,战前的舆论多看好中国,1894年7月27日,也就是中日战争爆发的前夜,长期担任中国海关总税务司、熟知中国事务的英国人赫德写下了这样一段话(图30):

图30 赫德旧照

> 现在中国除了千分之一的极少数人以外,其余999人都相信大中国可以打垮小日本。①

不过,战争一开局就迥出多数中国人的意料之外,先是淮军出师,陆战方面,平壤之战失败,辽东保卫战再败;海战方面:丰岛海战失败,黄海海战与日军打了平手,但威海卫战役却使北洋水师全军覆没。外间舆论对淮军大加指责,其指挥陆军的叶志超和指挥海军的丁汝昌被讥评为"败叶残丁"②。淮军屡败,朝廷又命刘坤一率6万湘军出战山海关外,也是大败。甲午战败宣告了北洋海军的全军覆没和湘、淮军的一蹶不振,再造新军的过程开始。

与此前一样,军事改革比其他领域改革要快一拍,如果说,晚清其他领域的改革是从20世纪初叶的"新政"开始全面推行,那么,新军的改造从甲午战争时期就已经起步。1894年11月2日,清政府在北京地安门内设"督办军务处",成为对日作战的总参谋部和招募训练军队的总指挥部,随即编练新军,朝廷先是任命广西按察使胡燏芬在天津小站编练新式武装,名"定武军"。1895年底,温处道袁世凯拟定"新建陆军"营制和各种章程,获得"知兵"的名声,12月,接管"定武军",改称"新建陆军"。新军建设由此步入轨道,袁世凯将军队由原来不足5000人扩编为7000人,聘德国人按德军营制操典训练,采用新式武器装备,将过去湘、淮军比较单一的兵种

---

① 中国近代经济史资料丛刊编辑委员会主编:《中国海关与中日战争》,中华书局1983年,第50页。
② 《清光绪朝中日交涉史料选辑》卷十四,台北大通书局1997年,第37页下—39页上。

改造成为近代的多兵种合成军队，拥有步、骑、炮、工程、辎重等。还创办步兵、工程、炮兵学堂，军官多由军校毕业；尤为重要的是，一改湘军的"愚兵政策"，对新兵的招募有年龄、体格和识字程度的规定，自后新军士兵也要有文化成为定例。这一点对后来中国军队的历史影响很大，湘军实行以文人为将，造成士绅的部分军事化，使军队将领的素质有所改良，新军又对士兵的文化程度有了要求，军队的知识结构有了全面提升，军人素质有了整体提高，并为军队的近代化奠定了先基。清代军事改革经历了咸丰以前的八旗、绿营；咸、同年间的湘军、淮军；甲午特别是庚子年后推广的新军。而以后一阶段为中国近代军事制度的初步定型期。

1901年，清政府将新军体制推向全国。同年下令停止武科举，裁汰旧军，绿营裁七留三，防军裁三留七。1902年，下令以北洋新军为样板，划一新军营制。此前清军营制十分混乱，小部分沿用八旗、绿营营制；大部分采取湘、淮军营制，以"营"为基本单位，每营500人，各营之间为平行关系，在国内战争中镇压平民还适用，但由于单位太小，在对付大规模的对外战争中则不合用。于是，新军将其营制与世界近代军队通行编制接轨，分设军（不常设）、镇（师）、协（旅）、标（团）、营（队）、排、棚（班）。以"镇"为平时常备军的最高单位，下设2个步兵协，1个马队标，1个炮队标，1个工程营，1个辎重营，1支军乐队，每镇定编12512员。1903年，在中央设"练兵处"，作为编练全国新军的最高机构，从形式上结束了一段时间内新军编练权分属以直隶总督为首的各省督抚的状况。（图31）

1904年，颁行"陆军常备学堂办法"，规定军校分为小学堂、中

图 31 清末新军炮兵演习

学堂、兵官学堂、大学堂四级，各省设讲武堂，弁目（班长）以上的士官都要经过各级军校培训，军人的知识结构因此更有变化。①至清亡，中国已有各类军事学堂80多所，基本形成初具规模的近代军

---

① 以学军事出身的严复就曾尖锐地指出："今夫中国，非无兵也，患在无将帅"。为什么会"无将帅"呢？因为"中国将帅，皆奴才也"，其因在于"不学而无术"，丧失了主动权，只能听人指使，"若夫中国统领伎俩，吾亦知之：不知道里而迷惑，则传问驿站之马夫；欲探敌人之去来，则暂雇本地之无赖。尤可笑者，前某军至大同，无船可渡，争传州县办差；近某军扎新河，海啸忽来，淹死兵丁数百。是于行军相地，全所不知。夫用如是之将领，使之率兵向敌，吾国不亡，亦云幸矣！"严复认为军人只有"报国之勇"是不够的，只具有传统的军事知识也是不够的，只掌握单纯的军事知识还是不够的。在近代战争中，必须要全面掌握近代多学科的知识，才能成为无愧于时代的军人。参《救亡决论》，王栻主编：《严复集》第一册，诗文（上），中华书局1986年，第47页。

事教育体系。其中最具影响力的是"保定军校系统",是北洋军系的教育基地,除开办有参谋、测绘、陆军师范等专业学堂,还有专事对旧军官进行再深造的"北洋行营将弁学堂";其中最声名显赫的是"北洋速成武备学堂",即为后来"保定军校"的前身,成为黄埔军校之前中国近代军事将领最重要的培养摇篮,直到20世纪20年代的北伐战争时期,"革命军中的中坚将校还多半是'保定军校'同学"①。随着《陆军学生游学章程》的颁布,到国外学习军事也呈一时之盛,晚清仅赴日本学军的留学生就不下千人,各省督抚又争相延揽归国学生,其中最著名的有湖广总督张之洞邀吴禄贞,东三省总督赵尔巽邀蒋方震,云贵总督李经羲邀蔡锷等。

　　军人的待遇和社会形象都有了大的改善。过去,清廷一向以文统武,同品级的文官与武官,如总督与提督,在上奏的权限、朝廷的重视和一般百姓的观感上都大不相同。而新军品级崇高,甚至比文官更受重视,一位新军排长为正七品,与文官知县同级。这除了纠正重文轻武的习俗偏见外,还有尚武强国的时代寓意。这些政策在相当程度上改变了过去"好铁不打钉,好人不当兵"的俗见,大批优秀青年投笔从军,军人成为中国近代文明化程度最高的社会群体之一。更加上在中国近代频发的战争环境中,军人渐居国家正途的中心,军队也由社会边缘集团转入国家的中心位置。军队的改造对中华文明近代转型的影响不容小觑。(图32)

　　当国治军者对新式武器和新兵种的兴趣也前所未有地增强。1903年,重于空气的飞行器问世,1909年,由飞机制造专家冯如任

---

① 《李宗仁回忆录》上册,南宁1980年,第339页。

图32 身着新式军装的新军军官

总机械师的广东机器制造公司开办,这是中国第一家飞机制造企业,两年后改名为广东飞行器公司。1910年,中国第一篇航空论文《研究飞机报告》在《东方杂志》上发表;在军咨府大臣载涛的支持下,北京南苑飞机修造厂试制了中国最早的飞机,试飞未能成功,又购"法曼式"双翼机一架作为仿制样机。1911年,李缄庵等自美国携"寇缔式"飞机回国,成为中国空军的最早部分。甲午战后,清朝即开始重建海军,任命叶祖珪、萨镇冰为筹办海军大臣,购置了"海容"号等军舰。1910年,清政府正式设立与陆军部平行的海军部。近代三大军种在中国或已成军,或成雏形。

第三章 不得不行的财经制度改革

一 解饷、协饷的崩盘

清朝的财政制度,从顺治朝初立,到雍正朝完备,形成一整套戒律森严以解、协饷为核心的制度。所谓解饷,就是地方对中央的财政上缴;所谓协饷,就是富省在中央的指令下对穷省的财政调拨。清政府对财政收支有严密的规定。其经常性的财政收入列有10项:地丁、地租、粮折、漕项、常税、盐课、杂赋、生息、耗羡;另有4项非经常性收入:续完、捐输、完缴、节扣。[①]这些税目都是统

[①] 刘锦藻:《清朝续文献通考》卷七十,浙江古籍出版社2000年,第8267—8269页。

一的、固定的，不得随意改变。清中央政府通过约每十年修订一次的《赋役全书》，把税额落实到每家每户和每块土地上。常关税涉及各种名目繁多的商品，对此清政府制定了数十万字的《各关税则》予以具体规范。对支出也有严格限定，《大清会典》具体而微地列出了皇室和政府的15项开支，诸如陵寝、祭祀、赏恤、修缮等等，均由户部定额，不得超支。至于河工、用兵、赈灾等不稳定开支，报销时必须造所谓的"四柱清册"，即"旧管"、"新收"、"开除"、"实在"。在承平时期，这些规定有其合理性，它比较有效地保证了中央的财权集中和收支平衡，对减轻人民负担，防止官员贪污也有制度约束。

  但19世纪40年代以后，此种静态的固定化的财政体系已不能适应急剧变动的时局，造成僵化的收入体系与动态的支出体系之间日益增大的脱节。首先是鸦片战争等一系列对外战争的开销及战后的条约赔款，成为清朝财政前所未有的额外开支；继之更有太平天国的发生，太平军的占领区恰好是清朝财税最重要的来源地，使得解、协饷制度被全盘打乱。江浙等富庶省区原来是清政府财税的重镇，如今多被太平军控制，不但不能完成对清朝中央政府的财政上缴（解饷），反而要依赖中央政府的财政支持；不但不能实现对其他"穷省"的财政调拨（协饷），反而要依靠其他省份的财政支援。大规模的战争使国库竭蹶，雍正年间，中央库存一般有六七千万两银的盈余，到了咸丰三年六月十二日（1853年7月17日），户部正项待支银的结存只有22.7万余两，国家度支"从未见窘迫情况竟有至于今日者"[①]。还有举办各项

[①] 中国人民银行参事室史料组：《中国近代货币史资料》第1辑上册，中华书局1964年，第176页。

洋务新政的开支，从洋务运动到新政立宪，林林总总的洋务企业，设办教育、调查户口、建立新机构等等举措。特别是军队的创建，湘淮军和海军等不用说，仅以新军而言，清末曾规划全国新军编制为36个镇，但到清朝结束时，据《清史稿·兵制》的统计，全国也只练成了14个镇，18个混成协，4个标和1支禁卫军，距离36镇的目标尚远。最重要的原因，就是经费不济。军队是极花钱的项目，据统计，仅北洋6镇每年的开销就在900万两银子以上，如此推算，全国编练36镇新军，常年花费在5400万两以上。这只是和平时期的常年经费，若是新成立一支军队，开办费需款更多。有材料统计，36镇新军仅建军经费及头一年的军饷就在1.2亿两以上，这根本就是清朝财政无法承受的，36镇的计划也始终无从实现。实际上，清中央财政支出仅负责北洋6镇和云南等省新军的部分军费，其余均由各省自筹，有钱的富裕省份就办，没有钱的省份就"缓办"。这也可解释，因军费较有保障，北洋和云南的新军表现出了较强的战斗力。

除了财政陷入困境以外，政府的财权也呈现分散。清朝中期以前，清政府有一套从中央到地方的财政管理体系，全国财权高度统一于中央政府手中，"财权操自户部，各省不得滥请丝毫"。清朝总理财政的户部承袭唐以来的制度，1631年建立，职掌是管理全国土地、户籍、税收和财政收支，自此作为全国最高财政金融机关有效运行。户部分设14个"清吏司"，掌管核实各省钱粮和资金。清朝中前期的财政机构，在中央是户部，在各省是布政使司，要强调的是，各省布政使司是中央财政机构的分支和派出单位，不是地方性的财政机构，各省布政使虽受督抚节制，但不是其属员，他们只对户部负责。户部与布政使司

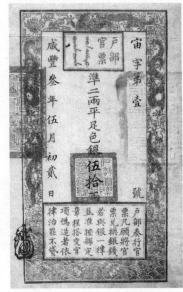

图 33 咸丰三年户部五十两银票

是清政府财政机构的内外两个方面，而主要不是中央与地方的两级财政机构。这一内一外的财政机构以解、协饷制度来维系清朝的财政运转。太平军兴后，解、协饷制度崩盘，无钱可拨的中央丧失了对地方财政的协调平衡能力，在此情形下，地方只有自筹生计，自募自养军队。(图33)

在国家无钱的情形下，国家官员的开销却日渐增大。晚清社会风气趋于奢华，特别是官场风气糜烂，使得官员们在制度内的收入远远不够官员们的开销，只有在正常的官俸之外另辟财路，官员受贿纳贿习以为常，贪污成风，并有相当一批官员只有依靠制度外的收入方能维持生计。此处以同治、光绪年间在北京任官的李慈铭为案例来展示个中情况，因为其所处中下级官员的地位是当时官员中人数最多者，还因其《越缦堂日记》于京官的生活有详细生动的第一手记录。① 清朝的京官在整个官员队伍中的比例不大，其中翰林院编检约200人，科道80人，其余各部院司员1000余人，合计1400余人。② 京官的俸饷大体沿袭明代旧规，略加删改。

---

① 张德昌先生对李慈铭的日记等有细致研究。参张德昌：《清季一个京官的生活》，香港中文大学1970年。本节对张德昌先生的研究成果多有吸收。
② 《钦定大清会典》卷二至卷五，商务印书馆光绪戊申十一月印本。

雍正二年起，外省官吏耗羡归公之后，加给养廉。京官的待遇却没有变动。为保持京官外官间的收入平衡，乾隆元年起，京官照原俸数额加倍发放，原额称"正俸"，加倍发放的称"恩俸"。

按说，清朝官员的收入在社会各阶层中并不算少，以李慈铭而言，光绪十三年时，他是五品官，领的全俸是160两银子，还有俸米可得，五品京官每年有15.6石俸米，折银46两左右，而同期绿营战兵，月饷是1.5两，米是3斗；守兵月饷仅1两，米也是3斗。以此对照，李慈铭的正规收入等于战兵收入的10倍多。按理说，能维持较为富裕体面的生计。但实情是，其靠正式俸禄根本难以维持官式生活，窘困情形日记中多有记述：

同治二年二月廿日：李慈铭与经营钱铺的靳老板谈话，所欠50金不能按时归还，希望能延期到春天。"靳姓慨然许诺。君子人也。可感哉！"

光绪三年十月廿七日晚：李慈铭检点当铺的质票，发现已有若干张因超过赎期而不再能赎回，成为死当。其中有一件缎裁袍褂是为同属京官的盛昱"乞作其母夫人集序所赠者，仅质京钱百二十千"。李慈铭感到吃亏太大，但也无可奈何。

光绪七年九月十日：身为名士的李慈铭已经到了连吃饭的钱都没有的地步，"余近日窘绝，殆不能举火"。

这当然不是李慈铭个人的情形。京官生活的拮据有时达到令人难以想象的程度，咸丰十年，任职阁学的袁希祖突然死亡，翻检其遗产，吃惊地发现仅存8两银子，"无以为殓"，如此高级官员竟然无法入土为安，同僚只好为其捐款买棺木。李慈铭写道：袁官居阁学并兼任礼部和兵部的侍郎,也算是国家的大员,居然如此之穷。更有意思的是下面一句话:袁氏"素无清名",就是其历来不算清廉之官,"去岁方自闽典试归",众所周知,赴外省主持科考是一大肥缺,考官可因此捞不少钱财,"而其贫至此。京官之况可想"。

此类记述还在继续,李慈铭曾到另一同族京官家中探访,"视其门庭萧索,屋宇敧漏,使令不供,人有菜色,京官之穷,毛骨沥怵"。①

为何会弄成这样! 部分原因在于官员收入不稳定。双俸("正俸"加上"恩俸")并不是所有京官都享有。凡是部院中的额外官员,如进士奉旨学习行走者,裁缺另补者,病愈候补者,拔贡以七品小京官学习行走者,顺天府所属以及五城司坊官等,都是京官,但都没有资格领取恩俸,各类候补官员也不能支领双俸。再有,由捐纳出身的小京官在3年学习期满前除了分发户部的有养廉银外,在其他各部院的一律没有官俸。编制外的京官也无官俸可领。即使在编京官的俸禄也自咸丰以来,无论俸银、养廉都打折扣发放,直到光绪十二年正月才开始恢复原额。李慈铭就有相当一段时间不能领到全俸。

更重要的原因在于晚清官场风气竞相奢靡,官员简直在比赛谁的排场大。李慈铭收入不算宽裕,却从同治十三年起租居有名的保安寺街已故闽浙总督季文昌的旧邸,有屋20余楹,有轩有圃,气派宏阔。同治十三年其官职总收入123两,但是他每年光是房租就要用去48两,修缮、布置、花木还不算在其内,光绪六年起,

---

① 李慈铭:《越缦堂日记》,广陵书社2004年影印本,补庚集未咸丰十年十二月四日,同治十年三月五日。

每年房租又提升到72两。占其正常官职收入的一多半。同治五年，李慈铭在乡，生活更加穷困，却以400金买一歌娘为妾。光绪初年，华北等地遭受300年未遇之大旱，仅山西一省的人口就从1600万减少到1000万，饥民到了相互吃人肉的地步，灾民贱价出售子女，李慈铭不思赈济，相反却借此饥荒之年人口便宜之时，又迫不及待地先后选购两妾，自己资金不够，又向张之洞借银50两，张只借给10两，李慈铭为之怅然不乐。光绪三年，其仲弟在乡饥饿而死，而他这年只是花在酒食声色上的开销就在百两以上。如此豪华支出，收入自然不够，只有寻求制度外的收入。李氏所赖以维生的主要是"印结银"，这是清代官吏诠选陈规中的一种例行保证手续，就是捐官者要由同乡在职官员出具保结，而保结是要交纳费用的，此费用就称"印结银"。此项收入，在京官中很是重要，以李慈铭来说，其每年印结银的收入最少时118两，最多时386两，超过国家俸禄。此种制度外的收入成为京官收入的主要方面。这还是明面上的公开的纳财，是中下层无权势官员的收财之道，而那些官居要津的权要，其不合法收入更是让人瞠目。光绪十九年九月樊增祥有一函向湖广总督张之洞密报，开列各位军机大臣的引见价码：

都门近事，江河日下。枢府惟以观剧为乐。酒醴笙簧，月必数数相会。南城士大夫借一题目，即音尊召客。自枢王以下，相率赴饮。长夜将半，则于宴次入朝。贿赂公行，不知纪极。投金暮夜，亦有等差。近有一人引见来京，馈

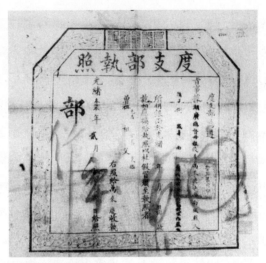

图 34 度支部捐官执照

"大圣"(军机大臣孙毓汶)六百,"大圣"见面,不道谢。相王(首席军机大臣世铎)半之,道谢,不见面。"汶长"(军机大臣许庚身)二百,见面,道谢。"北池"(军机大臣张之万)一百,见面,再三道谢。其腰系战裙者(军机大臣额勒和布),则了不过问矣。时人以为得法。①

国家财政不足以维持官员们的官式生活,只有贪污纳贿,贪污纳贿的结果又反过来加剧了国家财政的困境和对普通百姓的搜刮。制度解体,转靠制度外营生,晚清的财政制度在无数的贪污官员的虫蛀之下已是千疮百孔。(图34)

---

① 黄浚:《花随人圣庵摭忆》,上海古籍出版社1983年影印本,第248页。

二 新财源的开辟与财政的清理

为免除国家的财政崩溃,无非开源节流两个招数。但晚清新财源的开辟,中央政府少有作为,基本在地方政府的主导下,一系列新财源相继确立。其中的大项有:

厘金,渐次成为除地丁外的第二大税收[1],据估算,仅1853—1864年,全国平均年收入厘金1000万两,10年共计1亿两,而如此大的款项,其收支权却不在中央而在地方。

关税,1849年时,清朝的海关关税为221万两,1863年时增加到875万两,以后逐年递增,成为第三大税源[2],但其分配权主要由列强操控,份额由列强、清中央政府和地方政府分享,其中地方占的比例很大,如1874年,仅淮军就从江海(图35)、江汉两关的洋

图35 1860年在上海设立的江海北关旧照

---

[1] 参罗玉东:《中国厘金史》,商务印书馆1936年。
[2] 莱特(Stanley F.Wright):《中国关税沿革史》,商务印书馆1963年中译本,第151—152页;江恒源编:《中国关税史料》第四编,海关税收,上海人文编辑所1931年,第49页。

税中开支196万两；"查苏省连年用兵，一切饷源，均借洋税源源接济"①。地方督抚办的军工企业，经费中的相当部分也来自关税。

铸币，在中国货币史上，以银元制代替银两制是一个重要改革，它主要是仿效外国银元而来。早在鸦片战前，林则徐等人就有改铸银元的建议，被户部驳回，但外国的"洋元"早已在许多地区流通，民间也不乏私自鼓铸仿造。1887年，朝廷批准两广总督张之洞在广东设"官局"制造"龙洋"，这是官铸银元的开始，便由地方控制。到1905年，有12个省的督抚设立"官局"达15所，经手货币铸造和钱票发行，获取高额利润，清中央户部"概不与闻"②。

外债，清朝地方当局要先于中央政府向外国借债，从1853至1864年，中国至少举借外债12笔，总额207万两，基本是由地方政府在那儿操作。"清末外债最勇于提倡者，为左文襄（宗棠），此在吾国经济史上，不能不谓为一大转变关键。"③左宗棠打仗勇敢，借外债也同样胆子大。

公债，仅光绪三十一年到宣统元年的两三年间，只是由湖南、湖北、直隶、安徽四省发行的公债数额就达960万两。还有官办洋务企业的盈利和早期国家银行（户部银行等）的收入。

以上萦萦大端，除厘金外的各项收入已颇具近代税源的形态，近代型税源的确立与增长是中国几千年国家税源制度史上具划时代意义的变化，这是近代税源的奠定期，与古代以土地人口为基本的税源有很大区别，反映了中国税源制度的进步和变化。但这种变化

---

① 《奕䜣奏折》，《筹办夷务始末·同治朝》卷三十，故宫博物院1930年。
② 彭信威：《中国货币史》，上海人民出版社1965年，第794—796页。
③ 黄濬：《花随人圣庵摭忆》，第367—368页。

主要是在地方当局的支配和参与下进行，在相当一段时间里，此类"近代型税源"的直接享受主体是地方当局而非中央政府。

与地方财政收支膨胀和中央财政收支萎缩相匹配的是中央财政管理系统的日趋紊乱和地方财政管理系统的日趋完备。地方财政管理系统初建于1855年，湖北巡抚胡林翼在鄂省创设"厘金局"，自派"委员"经办，不用国家官员。1857年，胡林翼又在武汉设立听命于己的"总粮台"，各省相继模仿，逐渐形成财政、税收、金融各自分立的地方财政系统，与中央财权分庭抗礼。到19世纪末，各省自设的"官银局"、"官钱局"等地方金融机构，"总粮台"、"军需局"等地方财政机构，"厘金局"、"捐输局"等地方税务机构已日渐完备。

面对如此严重的情况，清政府利用20世纪初叶进行的"新政"，开始了财政方面的改革。是时，新的财经思想被介绍引进，仅启蒙思想家严复就有多种关涉新经济的文字①，其中影响最大的是其花费了4年时间翻译的亚当·斯密(Adam Smith)的代表作《国民财富的性质和原因之研究》，1901至1902年该书以《原富》为名陆续出版，严复还为书的出版特作《译斯氏"计学"例言》②和《亚当·斯密传》

---

① 如《路矿议》，《论铜元充斥病国病民不可不急筹挽救之术》，《论中国救贫宜重何等之业》，《救贫》，《国计学甲部》等等。
② 《原富》的名称，严复又称《计学》，并专门有解释："计学，西名叶科诺密，本希腊语。叶科，此言家。诺密，为聂摩之转，此言治。言计，则其义始于治家。引而申之，为凡料量经纪撙节出纳之事，扩而充之，为邦国天下生食为用之经。盖其训之所苞至众，故日本译之以经济，中国译之以理财。顾必求吻合，则经济既嫌太廓，而理财又为过狭，自我作故，乃以计学当之。虽计之为义，不止于地官之所掌，平准之所书，然考往籍，会计、计相、计偕诸语，与常俗国计、家计之称，似与希腊之聂摩较为有合。故《原富》者，计学之书也"(《严复集》第一册，诗文（上），第97页)。可见，严复的所谓"计学"即今人所谓经济学，严复是更多地考虑到国人的传统而命名的。

等文字。书内并附按语约300条。在按语中，严复介绍了从威廉·配第，经亚当·斯密再到大卫·李嘉图的整个英国古典政治经济学，又兼及马尔萨斯人口论等名家名说,而英国古典政治经济学是那个时代西方资本主义经济学体系的巅峰,这样就第一次把资本主义经济学体系比较完整地引入中国。通过严译，自由贸易的思想（"是故君上之利在使民岁进数均，而备物致用之权力日大。求其如是者，莫若使贸易自由"），市场经济的思想（"盖工商民业之中，国家去一禁制,市廛增一鼓舞之神。""国功为一群之公利，凡可以听民自为者，其道莫善于无扰"），反行业垄断的思想（"凡约联垄断之事，皆于本业有大利，而于通国有大损"），公平竞争的思想（"英人首弛海禁，号曰无遮通商，亦名自由商法。"），农商并举的思想（"农工商贾，故皆相养所必资，而于国为并重"），专利制度的思想（"此如创机著书诸事，家国例许专利，非不知专利之致不平也。然不专利，则无以奖劝激励，人莫之为，而国家所失滋多，故宁许之"）；①以至近代的劳动作息制度、经济立法和劳动保护法，还有罢工行为和劳动效率等令人耳目一新的思想②，都如此这般传入中国或在中国有了更大范围的流播。这些，无疑对当权者会产生某些影响。

  但是新政以集权中央、清理财政为宗旨的改革，开始时主要还是在传统体制内运作，清廷试图重建集揽财权的中央机构。此项改革一起步就注定困难重重，在地方势力和列强的夹击下，改革步履

---

① 《严复集》第四册，按语，第 893、902、887、865、866、858 页。
② 严译名著丛刊：《原富》，第 519 页。

维艰。1903年，清政府设立财政处，以首席军机大臣奕劻、军机大臣瞿鸿禨、外务部尚书那桐等权要人物组成，负责统一全国的财政与币制。从成员组成来看，朝廷是下了很大决心，并期待有所作为的，但成立后没有多少活动。1906年，清廷设立税务处，以户部尚书铁良为督办大臣，外务部侍郎唐绍仪为会办，准备在统一税权，主要是海关税（一般称"洋税"）和常关税方面做些工作。铁良本为晚清官员中比较强硬的人物，但一着手工作就在洋税的交涉上遭到列强反对，外国不同意把海关税置于清政府的财政管辖范围，税务处也无可奈何，只能不了了之。列强既然无法撼动，清政府又把目光转向国内的地方当局。同年，清政府将户部改为度支部，财政处并入其中，负责统管全国财政，命令各省裁撤地方性的财政机构，统一设立中央统管下的度支公所和财政公所，向各省派驻监理官，代表中央对各省财政进行监控，目的是取缔独立于中央的地方财税系统，遭到地方的各种抵制。清朝还从1908年开始进行清理财政的工作，颁布《清理财政章程》，在中央设清理财政处，各省设清理财政局，对各省财政状况进行详细调查。朝廷表面上完成了财政机构的划一，实际上度支公所和财政公所仍主要听命于督抚，省以下财权的主要部分仍操纵于地方之手。

然而，清朝重建中央财税系统的努力仍有其价值在，其主观目的是要重建中央的权威，是对旧有体制的重建与恢复；但在客观上，改革所牵动的范围却要广泛得多，在恢复旧制的同时却对旧制度多有损益，对新机制多有创建，改革的方向多与近代财政机构模式贴近。总起来讲，新政期间，堪称是中国财政体制由传统向近代的重要过渡期。清政府力图以法令形式统一全国财政，建立新式财政机构，培养近代型的财政人才和理财专家，对中央与地方财政进行调查清理，划分国家税和地方税，并逐步改过去财政的暗箱操作为透明操作，改过去财政的政府决定为代议机构参与决定，在中国历史上首次进行国家预算与决算的编订。凡此种种，都标志着中国相沿已久的封建财政体制向近代财政体制的迈进。

第四章 新教育体制与法制

一 废科举

　　文明说到底,是社会文化的昌明和人类素质的提高,教育在文明史的演进过程中自来发挥着特别重要的作用。各项制度变革中,以教育制度的变革呼声发起最早。从隋代兴科举制后,学校教育成为科考的附属,各级官学私学几无例外地成为科考训练所。明代八股制大兴后,学校的教育内容更趋单一。从明代以来,停科举、废八股的呼声便不绝于耳。清袭明制,实行科举制度,但痛责其弊端,力图匡正的大有人在。科举制的内容在清朝也有几次变化。

1663年，鳌拜辅政，一度停止八股取士，下诏"八股文章，实于政事无涉，自今以后，将浮饰八股文章永行禁止，惟于为国为民之策论中出题考试"。礼部遵旨议行，从1664年起，"乡会考试，停止八股文"。清初的废八股，只行于甲辰（1664年）和丁未（1667年）两科，就有人上奏，只试策论太简单，重又恢复旧制。① 1738年，又有兵部侍郎舒赫德奏请改科举废八股，但因遭到当时辅政的大学士鄂尔泰的反对作罢。鄂尔泰的反对也并不认为科举八股是至善良策，反倒是列举科举制的种种毛病，因为实在找不到更好的办法来取代，只有无奈退求其次。但是，朝野间的反对声音仍是鼓噪于耳，道光年间的著名学者龚自珍在1829年殿试时，因书法不甚好，只列三等，赐同进士出身，不入翰林，为此耿耿于怀，对"小楷取士"深恶痛绝，认为这极大地压抑人才。

鸦片战争后，西方教育体制被引进介绍，使旧制的改变不可避免，也使中国人苦于找不到好办法替代旧制的问题得到解决。鸦片战争前，大学士王鼎就主张在进士之外另立一科，除经学外，选取在子、史、辞赋等方面有特长者。这还是在传统范围内兜圈子，意义有限。到洋务运动时，这种另立一科的主张被改头换面初步实施，就是于中学之外，兼学西学，成立了同文馆和少量军工学堂，官派学生出洋留学等，这已是在相当程度上突破了传统，意义匪浅。但此时西学的规模不大，地位较低，不能成为士林社会的主流和士人向学的典范。

---

① 《清圣祖实录》卷九，康熙二年八月条下；国家档案局明清档案部编：《戊戌变法档案史料》，中华书局1958年，第215页。

局面到1898年的百日维新时才有较大的变化。这年正月，贵州学政严修奏请开设经济特科，于正途外另辟一路，培养实用人才。四月，杨深秀奏不用八股。六月，梁启超、康有为等维新领袖均有废八股的入奏。而严复提出的建议更加激进和实用，其发出"治学治事宜分二途"的呼吁，认定中国行之千年的科举取士制度"弊既极"，它将天下学术单一化，造成"士"只能与"大夫"相连，学场只能与官场相通，由此对两方面都带来恶果，对"官"来说，见识浅陋，即便千辛万苦侥幸得第，但除"应试之具之外，一物不知，……于是举世不见通儒之用，而儒术遂为天下病"；对"民"来说，教育成为官员的专利，民众多不能享有，因此窒碍整个社会的发展进步。此局面必须根本改造，应该普及教育，官有官学，民有民学，因材施教，学以致用，"天下之人，强弱刚柔，千殊万异，治学之才与治事之才恒不能相兼。……使强奈端（牛顿）以带兵，不必能及拿破仑也；使毕士马（俾斯麦）以知学，未必及达尔文也"。严复还对古代与近代学术的不同点作了新颖的论说："土蛮之国，其事极简，而其人之治生也，则至繁，不分工也。国愈开化，则分工愈密！"正由于学各有术，术有专攻，"学成必予以名位，不如是不足以劝。而名位必分二途：有学问之名位，有政治之名位。学问之名位，所以予学成之人；政治之名位，所以予入仕之人"。也就是学位与官衔有别，教育应面向整个社会，而不只是面向官员或准官员，学术是天下公器，而不仅是政府的专利。如此一来，"农工商各业之中，莫不有专门之学。农工商之学人，多于入仕之学人"。严复将这与国家体制的改变和民权的凸显相联系，"今即任专门之学之人，自由于农工商之事，而国家优其体制，谨其保护，则专门之人才既有所归，而民权之意亦寓焉。天下未有民权不重而国君能常存者也。治事之官，不过受其成而已，国家则计其效而尊辱之"①。这已经是相当近代的理念了。旧的教育和学术体制废除后，以什么来替代呢？严复以"西学门径功用"为题发表了著名演讲，提出"大抵学以穷理，常分三际。一曰考订，聚列同类事物而各著其实。二曰贯通，类异观同，道通为一"；考订和贯通两际仍是古代的方法，需补以第三际的近代方法：那就是"试验"。"中西古学，其中穷理之家，其事或善或否，大致仅此两层。故所得之大法公例，往往多误，于是近世格致家乃救之以第三层，谓之试验。试验愈周，理愈靠实矣。此其大要也。"试验是近代科学实验室中的基本方法，将近代的试验与传统的考订并列，反映出对近代学术方法论的重要认知。学科的分野问题也被提出："诸公在此考求学问，须知学问之事，其用皆二：一、专门之用；一公家之用。"这已经是在提出新的学科分类方法，"专门之用"近似于专业学科："何谓专门之用？如算学则以核数，三角则以测量，化学则以制造，电学则以为电工，植物学则以栽种之类"；而"公家之用"近似于基础学科，专门学"虽大而未大也。公家之用最大。公家之用者，举以炼心制事是也"。那么，又如何步入"公家之用"的学问堂奥呢？第一步要习"玄学"，"玄者悬也，谓其不落遥际，理赅众事者也"，颇有点类似于后来所说的学问之上的学问的哲学，玄学包括"一名（逻辑学）、二数（数学）"两大学科。第二步要习"玄著学"，"玄著学"包括"一力，力即气也。水、火、音、光、电磁

---

① 《论治学治事宜分两途》，《国闻报》1898年7月28、29日。

诸学,皆力之变也",这便是指近代物理学了;"二质,质学即化学也",此一来,近代自然科学的最重要的三大门类:数、理、化均被包容在"公家之用"中了。作学者只有掌握了前两步学问的路径,才能"用前数者之公理大例而用之,以考专门之物也。如天学,如地学,如人学(有包括生理学和心理学),如动植之学"。最后可以治

图36 严复画像

"群学","群学之目,如政治,如刑名,如理财,如史学";还有"农学、兵学、御舟、机器、医药、矿务"等学科,这简直是开列了一份近代诸学科的大谱系表,其中,既囊括了理科,也包括工科,既罗列了人文科学,也涵盖了社会科学。①令人瞩目的是,过去居于庙堂首尊的经学居然未被罗列,这真正是在离经叛道,过去正统之学的作用在新的时代中正在消歇,历史使命正在完结,正在日益边缘化,其后经学面临着迅速地被降格(降经为史)和离析的命运,成为历史学和哲学史、文学史等学科的具体研究门类,而过去处在边缘的新学或西学却渐居正统。(图36)

旧去新来的条件渐趋成熟。1898年6月23日,光绪下诏:从下科开始,乡会试和生童岁、科各试,一律改试策论。7月4日,湖广总督张之洞与湖南巡抚陈宝箴上《妥议科举新章》,建议"合科举、

① 《严复集》第一册,诗文(上),第93—95页。

经济、学堂为一事",建议乡试会试都考3场,第一场考中国史实和清朝政治等,偏重中学;第二场考五洲各国之政,偏重西学;第三场考四书五经,偏重传统。这是一个调和古今中外的方案,将包容面扩至最大化。7月19日,朝廷批准该办法,让各省照办。8月19日,又下令停止朝考,考试内容中停止诗赋,也不凭"楷法取士"。但是不久,戊戌政变发生,政治体制的守旧带出文教体制的复归。10月9日,清廷下令,科考一切"悉照旧制,仍以四书文,试帖、经文、策问等项,分别考试"①。

直到1902年后,局面才有决定性改变,这年清廷宣布废除八股,改试策论。在废旧的同时,趋新人士也大力鼓吹新式教育。一段时间里,朝廷在教育制度方面试图新旧并行,立新而不废旧,新旧学制并存,但两者间抵牾甚多,在一般人眼中,科举还是正途,新学仍属旁门。1903年,督抚袁世凯、张之洞痛切陈词:对新学制度的阻碍"莫甚于科举……科举一日不废,即学校一日不能大兴;学校不能大兴,将士子永远无实在之学问,国家永远无救时之人才,中国永远不能进于富强,即永远不能争衡于各国"②。科举制度的废除与否,已不单是教育的事体,而与国家命运密切相连。1904年,在河南举行了中国历史上最后一次会试,情形热烈,"今岁会试,借闱汴中,远省之人,往往跋涉数千里,冒露数十日而得达,而人数依然钜万,不闻稍减。甚而大学某生,弃其游学之额而求博第之荣"。显然,科举不废,新学难兴。1905年9月2日,清廷终于定下决心,

---

① 《光绪朝东华录》(四),第4220页。
② 《光绪朝东华录》(五),第4998—4999页。

停罢科举,这纸诏书将此前此后的中国教育制度清晰地划分出了一个时代:

> 方今时局多艰,储才为急。朝廷以近日科举每习空文,屡降明诏,饬令各省督抚,广设学堂,将俾全国之人,咸趋实学,以备任使,用意至为深厚。前因管学大臣等奏议,已准将乡、会试中额三科递减。兹据该督(袁世凯)等奏称:科举不停,民间相率观望,欲推广学堂,必先停科举等语,所陈不为无见。著即自丙午科(1906年)开始,所有乡、会试一律停止。①

为了安抚正在走科举道路的人,规定童试等仍举行3届,8年后完全转为新式学校教育。科举制的废除是中国教育史上具有革命性质的改革,它结束了在中国延续了一千多年的科举制度,而最终判定新教育制度在中国的胜利。它使教育的功能不再局限于为统治阶级选拔官吏和从事人文教化,而变成为社会、经济、文化的发展培养各方面的人才,进而提高广大国民的素质,即改官吏培养为国民教育。这种教育功能的扩张是教育近代化最重要的标志。它使新式学校的确立变得不可阻挡,旧式的通才教育转为新式的专科教育,教育对象也由少数人普及到全社会;它彻底断绝了旧式知识分子通过科举进入仕途的道路,迫使他们转而接受新知,一代新型知识分

---

① 《德宗景皇帝实录》卷五四八,光绪三十一年甲辰,"谕内阁",台湾华文书局1964年影印本。

子群应运而生,这个群体对后来中国社会的进步起着至关重要的作用。

1907年,清朝进行官派留学生的选拔考试,为便于考生复习,官方特将"考送出洋学生应习何科何书,并应及何等程度"等项内容开列,复习科目含有:国文(参考书有四书五经、前四史、古文辞类纂),英文法,修辞学,英文作文,英文文学[参考书有古勒斯密(Goldsmith)的《六合国民》(Citizen of the World)、狄斯丕尔曲(莎士比亚,Shakespeare)的《鄂得洛》(奥赛罗,Othello)、《罕谟勒》(哈姆雷特,Hamlet)、《恺撒》(Julius Caesar),以及《蓝察理论说》(Ch.Lamb's Essays)、《伊尔温旅行记》(N.Jroiog's Tabof Travellers)、《鲁滨孙漂流记》(Robinson Crusoe)等名篇],笔算,代数,几何,平面三角,希腊史,罗马史,近世史,地志,地文,拉丁文,德文、法文;并在物理、化学、植物学、动物学四科中任选一科,强调此项开列是鉴于"各校所设课程科目又属互有参差,致临考之时,虽所出各题目悉在诸生应习应能之列"①。从中可见,科举制废除尽管只有短短两年,但新式的学科教育在中国的学校教育体系中已经取得了决定性的胜利,虽然各校开列新课的程度水准有参差,但新科目在学堂中已是普遍开列,新式学术和教育体系对旧体系的取代已成大势和事实。1920年,黄炎培先生有这样的评价:"觉最近五十年来教育变动,其价值实驾三千年全史之上。"②

---

① 《德宗景皇帝实录》卷五四八,光绪三十一年甲辰,"谕内阁"。
② 黄炎培:《清季各省兴学史》,载《人文月刊》第1卷第7期。

二 办新学

　　学校是文明的最重要的承载体和传播源之一。中国的新式学堂最早是由西方传教士创办的。1834年,普鲁士籍传教士郭士立(Charles Gutzlaff)入澳门①,其夫人Mrs. Gutzlaff随行。次年9月30日,在"印度与东方女子教育促进会"(The Ladies' Association for Promoting Female Education in India and the East)的赞助下,郭士立夫人创办"澳门女塾"(附带招收男生),这是外国教会在华创办的第一所具近代范式的学校,该校后又获"马礼逊教育会"(Morrison Education Society)的支持,1839年,中英关系因鸦片问题骤形紧张,广东当局下令驱逐英人离华(包括澳门),郭士立夫人系英人,在澳门难以立足,于是女塾停办。②1839年11月14日,基督教新教教会又在澳门设办了"马礼逊学堂",这所学堂规模更大,学制更完备,教学内容更丰富。③到1860年,新教教会在华办的各类学堂已有50所,天主教会办的缺乏统计,估计不应少于此数目。1864年,在中国的教会办学历史上是一个很重要的年份,这年,教会学校开始立足中国的北方地区,并建立了一系列的"名校"。它们是:北京贝满女校,1864年由美国公理会设办,创办人是贝满夫人(Elizah Bridgman),为纪念其亡夫裨治文而建,旧址在东城大鹁鸽,后迁灯市口同福夹道,初为小学,后成中学,以"敬业乐群"

---

① 参顾长声:《从马礼逊到司徒雷登》,上海人民出版社1985年,第50—61页。
② 容闳:《西学东渐记》,湖南人民出版社1981年,第3—4页。
③ *Chinese Repository*, Vol. 6, p. 232. 另吴梓明教授的《基督宗教与中国大学教育》(中国社会科学出版社2003年)一书对此有详细描述,见该书第16—28页。

为校训,是古都北京最早的西式学堂。尤其又是女校,更为当时开创风气之举,在天子脚下,在中国传统文化的中心注入了丝丝缕缕的欧风美雨。北京育英学堂,1864年由美国公理会传教士柏亨利(H. D. Porter)创办,为男学堂,设校址于灯市口,以培养德、智、体、群四育为教育目标,从这个目标来看,已很有现代教育的意思。登州蒙养学堂,1864年由美国长老会传教士狄考文(C. W. Mateer)夫妇创建于山东登州(蓬莱),这时夫妇俩到中国仅只3个月的时间,连中国话都还不会讲,居然也就敢办教育,而且,后来俨然成为教会方面的"职业教育家",对山东地区近代教育的发展贡献良多。学堂最初时招收6名"寒素不能读书"的儿童,供给衣、食、笔、墨、纸张、医药,甚至还包括回家探亲的路费。鉴于以往教会学堂的学生多不能善始善终在校就读,等年纪稍大便离校的教训,所以,该校规定学制6年,中途不能退学,学生必须寄读在学校,即便这样,许多学生仍然是有头无尾。1872年,学校招收学生85人,学满6年的只有4个人,毕业后从事教会工作的只有1人。而这所学校还被公认为是19世纪后半期在华教会学校中名气最大、效果最好的学堂之一。1873年,学堂又延长学制,称前3年为"备斋",后6年为"正斋",正斋开设若干中学课程,并逐步将学校重心往中学转移,1876年学校正式改名"文会馆",主体已是中学,是在华北地区出现最早的教会中学之一。正斋开设的课程有:天道溯源、诗经左传、万国通鉴、测绘学、代数备旨、航海法、格物、声、光、电、地石学、化学、动植物学、微积分、天文揭要、富国策等。它是19世纪晚期所有教会在华学校开设课程最多的,就是今天来看,作为一所中等程

图37 天主教会在上海创办的徐汇公学

度的学校,它开设的课程也可能不是太少了,而是太多了,有相当部分应该是大学开的课目被搜罗在"文会馆"中开了。学校里还附设有印书房、试验室、图书室,资料设备在当时也是最先进丰富的,教学质量亦属一流,毕业生遍布中国各地,很受欢迎。1904年,该校迁至山东潍县,升格成"广文大学"。从1876年到1904年,学校共毕业26届171名学生。(图37)

接续教会办学之后,中国人自办新式学堂开始于1862年的北京同文馆,由洋务派所创办。

北京同文馆初设时抱负宏伟,试图"掌通五大洲之学,以佐朝廷一声教",实际上只是"招集士子学习推算及泰西文字语言,而雇西人教习"[①],只能算是初级外语学校。到甲午战前,洋务派办的外语、军事、实业等类学堂不下30所。但这些学堂侧重于学习西方的声光化电制船造炮之类,而不是全面学习西方的学术思想制度,这

---

① 王之春:《清朝柔远记》同治六年春三月,中华书局1989年点校本,第314页。

些学堂一般都规模狭小，为科举正途所歧视，被社会视为另类，多为附属于某一军队或企业的专业训练性质的简易学堂，在其中就读的学生人数也很少。与此相对应，当时中国的旧式书院约有4500所，就读者有秀才90万，童生约200万。1895年3月，《直报》载文，开篇讲述："今之扼腕奋舌，而讲西学，谈洋务者，亦知五十年以来，西人所孜孜勤求，近之可以保身治身，远之可以利民经国之一大事乎？"但自鸦片战争以来，国人之讲西学办洋务的成效却很不尽如人意。文章的篇末慨叹："夫自海禁既开以还，中国之仿行西法也，亦不少矣"，但西洋的美好东西来到中国后总是"迁地弗良，若存若亡，辄有淮橘为枳之叹"。其因何在？作者的回答是：民智不开，民力不厚，民德不明。为此，作者提出了开民智，奋民力和民德三大任务。其中，"三者又以民智为最急也"①。数年后，作者继续申论："今吾国之所最患者"有"愚"、"贫"、"弱"三项，"而三者之中，尤以愈愚为最急"。因为"愚"是导致中国民贫国弱的根源，作者甚至极而言之，只要能治"愚"，"将竭力尽气鞁手茧足以求之。惟求之能得，不暇问其中若西也，不必计其新若故也"，即或是"出于夷狄禽兽，犹将师之，等而上焉者无论已"；但只要是延误治"愚"，那么，"虽出于父祖之亲，君师之严，犹将弃之"，其余"等而下焉者"更不用论。显见，著文者将开民智作为救亡拯民最紧迫的任务，并认定中国旧有的思想文化资源将不足以担当开启新民智的任务，那么国家的救亡振兴依靠什么？中国学术统绪的转机何在？作者开出的药方是："乃以求其所本无，非以急其所旧有。中国所本无者，西

---

① 《原强》，《严复集》第一册，诗文（上），第5、15页。

图 38 北京同文馆旧址

学也,则西学为当务之急明矣。"①于是,以西学为范式,完成中国学术由传统向近世的转变,改造旧的教育制度,建设新的教育制度便成为诸多趋新者们的志业追求。(图 38)

　　学术教育的发展与社会演进同步是一定法则。中古建立在农业社会基础之上的传统知识谱系具有笼统性和模糊性的特点,中国传统的四部分类法——经、史、子、集,似乎能网尽天下所有知识。当然,不独中国这样,中世纪的西方知识也基本上被囊括在哲学甚或神学的范畴之内。而近代新知识谱系的出现则是与资本主义的兴起同步,特别是与大机器工业和近代科学的发展所导致的劳动分工的细密化、专门化相匹配,由此引出近代教育体系和学科谱系的分类

---

① 《原强》,《严复集》第一册,诗文(上),第 5、15 页。

化和专业化。随着科学发展和知识积累,中古的哲学或神学已难以包容一切学科的知识,各学科开始分门别类,自成体系。和资本主义首先从西方演进一样,学术的分科和教育的专业化首先是从西方开始。近代以降,随着国人对科学技术更深入全面地了解,深感中国传统的"门类不分,粗细不辨"的旧学难以包容适应新学的发展,新知识谱系的大多又都是"中国所本无者",依据西方的知识谱系重构中国学问已经势在必行。1897年,杭州诂经精社的主持人俞樾对生徒慨叹:"最近三年中,时局一变,风气大开,人人争言西学。我与各位同学抱着古老的遗经不放,这是前人所说的不通世变的鄙儒。"① 中世纪晚期信仰体系的理论根基已经开始崩解。这年,浙江巡抚廖寿丰奏请将诂经精社、学海堂等 6 所旧书院改并为专课中西实学的求是书院,一代经学大师俞樾辞职。局势已经到了变亦变,不变亦变的地步。而一代中国的传统知识分子也经历了从吸收旧知到学习新学的大势所趋又势之所迫的转变。

维新思想的最大代表康有为(1858—1927年),早年习经学,又到家乡广东南海白云洞习佛学、道学,都没有找到思想出路;后来"薄游香港,览西人宫室之瑰丽,道路之整洁,巡捕之严密,乃始知西人治国有法度,不得以古旧之夷狄视之"。中西对比的反差对思想产生冲击,于是"渐收西学书,为讲西学之基矣"。② 1890 年,康有

---

① 转引自刘大年:《评近代经学》,载北京大学和故宫博物院合编:《明清论丛》第 1 辑,紫禁城出版社 1999 年,第 35 页。
② 康有为:《康南海自编年谱》,中国史学会编:中国近代史资料丛刊《戊戌变法》(四),上海人民出版社 2000 年,第 115 页。

为移居广州云衢书屋,开设讲授内容趋新的新学堂,梁启超等来访。后来梁启超回忆第一次见康有为时的情形:"时余以少年科第,且于时流所推重之训诂词章学,颇有所知,辄沾沾自喜。先生(康有为)乃以大海潮音,作狮子吼,取其所挟持之数百年无用旧学更端驳诘,悉举而摧陷廓清之,自辰入见,及戌始退,冷水浇背,当头一棒,一旦尽失其固垒,惘惘然不知所从

图39 康有为旧照

事。"①梁启超马上转拜康有为为师。这便是"新学"的力量和新学堂的氛围感召。应该说,在西潮的冲击下,过去的饱学之士转眼间成了无知之人,也就是所谓知识转瞬失落的身心体验,不独梁启超辈,这是传统士子向新知阶层转变时一两代人所共有的心路历程,是新旧教育体制转变时求学者共有的感同身受。(图39)

戊戌变法时期,光绪下令将大小旧式书院一律改为兼习中西学的新式学堂,宣布对科举旧制进行改造,同时建立全国性的新式学校体系。中古与近代教育体制之间的根本差别便在于旧学通向科场,主要是为统治者培养官吏,而新教育体系通向社会,是为整个社会培养人才。于此,新派人士已有很明确的认识:教育"不当仅及于士,而当下达于民;不当仅立于国,而当遍及于乡";"必使四万万之民皆出于学",②显

---

① 丁文江、赵丰田:《梁启超年谱长编》,上海人民出版社1983年,第23页。
② 中国近代史资料丛刊《戊戌变法》(二),第220页。

图40 京师大学堂匾额

示出明晰的全民教育观念。高等教育和近代学制的问题也被提出。1896年1月,御史陈其彰首先提出仿照西洋,建立由初等、中学至"上学"(大学)的新校体制,朝廷据此开始在全国推行由小学、中学至大学的与国际接轨的近代三级学制。① 戊戌时,全国各地开办普通学校77所,专业学校29所。② 戊戌时期的教育还有两件大事值得一书,一是出现了最早的国人自办女校——经正女学堂,向占人口一半的女性打开接受近代教育的大门,催生了中国的新女性。③ 二是出现了中国第一所近代国立大学——京师大学堂,"大学堂为各省之表率,万国所瞻仰,规模当极宏远,条理当极详密"④,中国的近代

---

① 《光绪朝东华录》(四),第4093页。
② 林克光:《康有为教育改革思想及实践》,见胡绳武主编:《戊戌维新运动史论集》,湖南人民出版社1983年,第195页。
③ 《上海创设中国女学堂记》,《万国公报》第125卷。
④ 北京大学与中国第一历史档案馆编:《京师大学堂档案选编》,北京大学出版社2001年,第26页。

高等教育体系由此构建。戊戌政变后,旧派势力占据了上风,各省新式学校不再提倡,但京师大学堂得以保存。(图40)

1901年9月,清廷又通知各省,"作育人才,端在修明学术,除京师已设大学堂,应行切实整顿外,着各省书院于省城该设大学堂,各府厅、直隶州均设中学堂,各州县均设小学堂"[①]。经过两年的"保守时期",清廷在内外情势的压迫下改弦更张,重又复归改革之路。此后,朝廷又屡次下诏督办。与新学堂并行的是新学制和新学科的鼎立。1903年,京师大学堂译书局在制定章程时,对西方教育体制和学术谱系予以细密的介绍。关于学制,分为三等:"一为小学,一为中学。其深远者,俟此二等成书后再行从事";"大学各有专师,则所谓专门之学者尔"。小学、中学、大学的三级学制已属完备,小学期间还细分为蒙学、寻常小学和高小。关于专业分类,列出有38项之多,"教科分门:一、地舆;二、西文、律令(其实应为两个门类);三、布算;四、商功;五、几何;六、代数;七、三角;八、浑弧;九、静力;十、动力;十一、气质力;十二、流质力;十三、热力;十四、光学、十五、声学;十六、电磁;十七、化学;十八、名学;十九、天文;二十、地气;二十一、理财;二十二、遵生;二十三、地质;二十四、人身;二十五、解剖;二十六、人种;二十七、植物状;二十八、动物状;二十九、图测;三十、机器;三十一、农学;三十二、列国史略;三十三、公法;三十四、帐录;三十五、庶工(如造纸、照象、时表诸工艺);三十六、德育;三十七、教育术;

---

① 李桂林编:《中国近代教育史资料汇编·普通教育》,上海教育出版社1995年,第337页。

三十八、体育术。"此分类表,特别是德育、体育和教育术的列出,尤具意义。制定者还深切地体认到,此一学科体系与中国旧有的学科体系大异其趣,其学术资源背景较少能从中国的传统学术渊源中去寻找,而必须从西方的近代学科体系中去移植,故而又规定:"专备普通学课本之用,应取西国诸科学为学堂所必须肄习者,分门翻译。"就是基本按照西方的科学谱系和教学体系来作为范式范本。①制定者还严厉地抨击了旧教育制度的陋弊,认为旧式科考有"锢智慧"、"坏心术"、"滋游手"三大害处,使天下无才。为此极力呼唤新式教育的兴起,并对新教育体系进行了略为完整的设计:在功能上,认为应该将过去的官僚培训所性质的教育改为面向全社会的国民教育,以提高全体国民的素质为教育基准;在目标上,认为教育的目的应该是鼓民力、开民智、新民德,为此提出德育、智育、体育三者并重的教育思想;在内容上,强调应以近代的自然科学和人文科学的内容为主,并特别强调了数学、化学、天文、地学、物理、生物等学科以及科学实验的功能;同时,也提出新式教育应该是符合中国国情民情、结合中国文化传统的教育;在学制上,认为应建立完整的近代学校教育体系,并依据人的身体发育阶段而将青年的受教年限区分为初级、中级和高级三个各具重点又互相衔接的时段;另对家庭教育、实业教育和妇女教育问题予以了特别的关注。(图41)

戊戌后众多新学书籍目录的编排、新学丛书的编纂和新学堂课程表的制定也都程度不同而又不约而同地采用了新专业目录。1902

---

① 《原强》,《严复集》第一册,诗文(上),第127—130页。

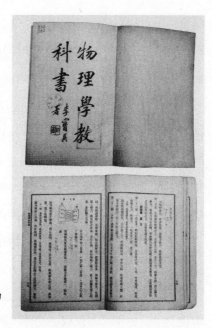

图 41 1906 年出版的
《物理学教科书》

年,张百熙主持制定《钦定京师大学堂章程》,专列"大学分科门目表":即政治、文学、格致、农业、工艺、商务、医术。过去居于庙堂首尊的经学只是并列于文学科的7个子目之下,即经学、史学、理学、诸子学、掌故学、辞章学和外国语言文字学。[①]过去的正统之学日益边缘化,而过去处在边缘的新学或西学却日渐居于正统。1903年,清政府推出"癸卯学制",以政令形式规定全国所有学校需实行统一的分级学制和开设统一的课程门类。自此,分科教育和研修体系成为官方制度而正式确立。

各近代的学科伴随着制度的新建而形成,呈现出全新的近代面貌。以史学为例:1902 年梁启超的《新史学》一文为近代史学奠定

---

① 《京师大学堂档案选编》,第 150 页。

的宣言书。维新派极言史学的功用,史学不仅是"学问之最博大最切要者",而且是"国民之明镜"和"爱国心之源泉",并痛诋中国传统的旧史学,煌煌"二十四史非史也,二十四姓之家谱而已"。因之,梁启超便疾呼史学革命的到来,"史界革命不起,则吾国遂不可救。悠悠万事,惟此为大"。①史学已不单是学问,而承载着救国启蒙的使命。章太炎也具体指陈旧史学毛病所在是"中夏之典,贵其记事,而文明史不详","非通于物化,知万物皆出于此,小大无章,则弗能为文明史"。②将文明史的研究撰述看做是治史的首要标本,文明史不详,则其余诸史均不能纲举目张,寻出历史的底奥。从此,史界革命风潮迭起,传统史学步入近代轨道,即便是在形式上也有大变化,"其体例颇合近代著史之法"③。在新手段和新眼界的发现审视之下,史学(不仅仅是史学)的研究材料和对象也有了极大拓展,一些新材料或本为旧的但被新发现的材料的陆续揭出对史学研究产生了一连串颠覆性效应,其中最引起轰动的当属殷商的甲骨文、汉晋的木简、敦煌千佛洞的文书、清宫大内的明清档案以及中国境内外的古外族遗文等的发现和利用。④人们的目光不再局限于书本和金石,而是扩充到田野地下的文物,稍后一点时间,中国传

图42 梁启超旧照

---

① 梁启超:《饮冰室合集·文集》之九,中华书局1989年。
② 《章太炎全集》第3册,上海人民出版社1986年,第313页。
③ 刘禺生:《世载堂杂忆》,中华书局1960年,第43页。
④ 参王国维:《最近二三十年中中国新发见之学问》,《静安文集续编》。

统的金石学终于演变拓展成为近代考古学，人类对自身历史的了解也从几千年延伸到几十万年乃至百万年。（图42）

到1904年，全国有各类新式学堂4476所，在校生近10万人，有一定发展，但速度还是差强人意。主要原因是科举制未废，科举取士仍被读书人视为人生最好的上升途经，在这方面，旧书院自具优势。1905年，科举制废除，新式学堂得以大兴，这年全国新式学堂比上年增加近一倍，达到8277所，学生人数激增两倍半，达到26万人。到1909年，中国的新式学堂已达59117所，学生人数超过160万，清廷还计划到1916年，全国识字人数达到总人口的1/20，也就是说有2000万人能进行基本的阅读和写作，这当然是一个很宏大的目标。

办新学的另一内容是教育行政机构地位的提高。长期以来，清代主管教育行政的中央机构是礼部，但礼部还有其他职掌，实际分管的是礼部中的仪制清吏司，即或该衙门也是属于兼管，而不是专管，可见教育地位之低下。1898年，朝廷下令，各省学堂归京师大学堂统辖，京师大学堂又成为全国新式学堂的最高行政机关，但这种规定多在名义上，京师大学堂在实际中并没有太多地（也很难完全）负起此项责任。新政时期新式学校数量的迅速扩大和科举制的废除，使得建立国家统揽教育最高机构的要求愈形迫切，1905年10月，山西学政宝熙专折奏请设立学部，明确指出随着新式教育的普及和新式学堂的广泛建立：

> 欲令全国学制划一整齐，断非补苴罅漏之计所能为，一手一足之烈所能济，且当变更伊始，造端宏大，各处学

*务之待考核统治者，条序极纷，必须有一总汇之区，始足以期日臻进步。拟请饬下政务处会议，速行设立学部。*①

宝熙的建议被采纳，12月6日，清廷宣布成立学部，作为管理全国教育的最高行政机构。从此，教育行政才从礼部中独立出来，教育的功能日渐被重视。1911年，礼部改为"典礼院"，专管礼制、祭祀。学部和礼部地位的一升一降标志着传统社会向近代过渡时教育功能的扩张和礼制的衰落，这正是文明新陈代谢的步伐。

三 派游学

送派中国学生出国留学最早也是由基督教会操办的。1847年，主持马礼逊学堂的布朗（S. R. Brown）带了3位中国学生到美国留学，这是近代中国的第一批留学生，是中国留学美国的最早先驱，今天波澜壮阔的留学潮，这3人是最早的源头。这3位学生是：容闳、黄宽、黄胜，以容闳最为著名。

容闳，1828年出生于广东香山县（今中山市），7岁时因家贫无钱进中国人办的私塾，只得进前面提到的免费的澳门女塾读书，女塾开始只招收女生，后来也容纳男生，不久停办。容闳辍学，又到传教士办的印刷厂当童工。1841年转入马礼逊学堂，学业优异，很得布朗的赏识。到美国去留学，是容闳心底的一个企盼。1846年冬，

---

① 《光绪朝东华录》（五），第5409—5410页。

第四章 新教育体制与法制 | 131

图43 容闳像

机会终于来临,布朗因身体欠佳,要回美国休假,行前想带几名中国学生一起去,容闳为最早报名者,但他的母亲不同意,当时风气未开,对美国的情况并不了解,视异邦为虎狼出没的蛮荒之地,又是远在万里之外的异国他乡,家里又缺乏人手,其母的想法也在情理之中。后来,容闳想方设法说服了母亲。(图43)

1847年1月4日,容闳、黄宽、黄胜同布朗夫妇乘船赴美,海阔天空,由此展开了一个新世界,容闳等的命运也由此发生了根本的改变。到美国后,他们住在马萨诸塞州的布朗家,由布朗的母亲照料他们,布朗安排他们先进入一所程度相当于中学的孟松学校读书。不久,黄胜病重,提前归国。两年后,容、黄两人从孟松学校毕业,按教会原来的资助计划,只提供经费两年,期限已到,经费没有了着落。布朗又多方奔走,为他们同几个在香港的英国商人取得联系,英商同意资助,但前提是不能在美国留学,而要改在英国留学。黄宽于是转赴英国爱丁堡大学学习医科，成为中国第一位进入英国正规大学接受高等教育的留学生，经过7年苦读毕业，旋即返回祖国效力，在新教教会办的广州博济医院行医，成为经过欧洲医科大学正规训练的中国的第一位西医。

容闳不想去英国，他想报考美国的耶鲁大学，因为他的两位恩师均毕业于耶鲁大学。一位是布朗，另一位是孟松学校的校长海门，这两人都是学识渊博、人品正直、心地善良的人，他们对容闳有很大的影响。容闳没有接受英国商人的条件。海门建议容闳填写传教士志愿书，这样，教会可以考虑继续予以资助。但已经有相当独立见解的容闳却不想当传教士。出自教会学校的门下，却不愿意当传教士，由此可以窥见教会在中国的地位和一般中国人对教会的观感。在走投无路之时，又是通过布朗的活动，容闳想在美国求学的坚定信念和殷殷之望感动了一个妇女团体，这个团体同意资助他上学。容闳通过严格考试，进入了他理想中的耶鲁大学，1854年毕业，同年回国。在后来半个多世纪的时光中，容闳在中国的政界和学界都非常活跃。

新教教会帮助并资助中国人留学西方的活动，奠定了迄今已经一百多年的中国人直接到西方学习科学文化事业的基石。

中国人自己进行的最早选派留学生的工作则是由洋务派于19世纪70年代开始的。洋务时期，主要选派了几个类别的出国留学生。其一，留美幼童，从1872—1875年间共有4批年龄在13至20岁之间的"幼童"共120人，被清政府选派出国。其二，陆军学员，1876年，有学员7人被选派赴德国学习。其三，海军学员，1877—1885年间，有学员77人分赴法国和英国学习舰船驾驶、制造和指挥。其

图 44 首批赴美国留学的幼童

中幼童于1882年提前撤回,后来也出了一些人才,主要集中在外交和工程等方面,如梁敦彦、唐绍仪、梁诚、唐国安、詹天佑等。学海军的成就较大,中国最早的一批海军将领许多出自其中。(图44)

但总体说来,洋务时期的留学生人数还是太少,学习期限太短。即或如此,早期留学生仍在中国文明与世界文明的交会过程中发挥了很大的作用。以严复为例,他出生在中西交会的前沿地带福建侯官(今福州),15岁(1867年)入马尾船政学堂。马尾船政学堂是清朝第一所具近代教学内容的军校,"所习者为英文、算术、几何、代数、解析几何、割锥、平三角、弧三角、代积微、动静重学、水重学、电磁学、光学、音学、热学、化学、地质学、天文学、航海术,计五年而卒业"①。这些充满着浓郁新学气味的课程在当时的一

---

① 《侯官严先生年谱》,《严复集》第五册,著译日记附录,第1546页。

般学堂是学不到的。其后,严复被派往"建威"、"扬武"舰实习,曾赴日本、新加坡等地。1876年,作为中国首批官派留英学生中的一位,严复先入朴茨茅斯大学院,又入格林尼治海军大学,在校期间除主修与海军有关的军事课程外,严复还比较系统地学习了重学、电学、化学、算学等课程,并对科学试验科目表现出很大的兴趣。当中国驻英国公使郭嵩焘访问格林尼治时,严复特为其表演了静电实验,并对水压机、麦克风、金属的缩胀原理以及对数和牛顿力学进行了说明。留英期间,严复还对西方社会多有体察,"尝入法廷,观其听狱,归邸数日,如有所失。尝语湘阴郭(嵩焘)先生,谓英国与诸欧之所以富强,公理日伸,其端在此一事。先生深以为然,见谓卓识"①。说明严复在学习西方近代军事科技知识的同时,还广泛地接受了西方的学术和文化滋养,并进而探究西方之所以臻于富强的社会根由。1879年,严复回国,又先后在马尾船政学堂、北洋水师学堂、京师大学堂和后来的北京大学等处就职,在当时旧学居于正统的大环境下,这些机构都是那个年代不可多得的接触西学的前沿阵地。所以,可以说,严复所处的环境很具特殊性,他在中学为体的大氛围中,能够较长时间地独居西学气息很浓的小环境内,在那个时代,这样的客观小环境,对绝大多数国人来说,是不具备的,"这种经历把他与他的绝大多数同胞绝然分开"②。严复因之成为其时其间对西学了解最深的人,又进而成为促使近代中国学术和教育制度转型的重量级人物,也就不奇怪了,因为中国近代学术和教育

---

① 《严复集》第四册,按语,第969页。
② 许华茨:《严复与西方》,职工教育出版社1990年中译本,第21页。

体系的相当部分是从西方移植的,在当时,能够最早具备这种移植资格和能耐的人并不多见。不过,整个洋务时期,中国的留学生事业还处在草创阶段,迄甲午战争前,中国的留学生仍是寥寥,总人数不过200人,1896年时中国的留日学生仅有区区13人。

留学的全面铺开还是在20世纪初叶。1903年,清廷向全国转发了张之洞拟定的《鼓励游学毕业生章程》,具体规定给留学生以各种功名,一时特别刺激了留学热。由于日本和中国同文同种,加上距离近,费用低和甲午、日俄两次战争日本均为战胜国的刺激和激励,日本成为中国留学生前往最多的一个国家。1899年,中国人赴日留学者仅64个人,而到1905年,中国留日学生竟然剧增到近万人。其后,由于中国新式学堂的大量出现,留日学生数目有所减少,但也不少于5000人。

20世纪初的留日学生表现出一些特点:自费生占大多数,这和洋务时期全部是官派官费生的情景形成鲜明对比。自费生受官府的束缚较少,思想和行动趋于激进,这和20世纪初叶日本成为中国反清革命策源地不无关系。短期学习的60%,进入大学的仅占1%。这一方面反映留学生中的许多人只是为镀金,急功近利,素质不一;另一方面也使他们和国内联系密切,关心国事。留日学生中学文科的占大多数,1903年,留日学生1300人中有1100人学文科,这和戊戌前不一样,戊戌前的留学生没有一个学文科。这种状况反映了中国思想知识界的变化,从一味追逐学习技艺转向看重学习先进思想制度。当然,另一原因,与学生文化程度多数不甚高有关系,这些学生学习理工科有困难,这与同期留学欧美的学生形成鲜明对照,赴欧美的留学生仍以学理工科的居多。这种情况的发生也引起了清政府的忧虑。自光绪二十九年起，留日生特别是素质不算很高的速成生大批回国，国内渐有"供过于求"的迹象，官方开始鼓励留学生注重"实学"，侧重学习工艺的呼声渐起，这或许还与官方感到学习人文学科的更具反叛倾向的担忧有关。光绪三十年，清政府与日本特别约定了5所主要面向中国留学生的学校，这5所学校都是趋重实业的。光绪三十四年七月，御史俾寿奏请选派学生赴各国习工艺。学部与农工商部、邮传部也发出会奏："自本年始，嗣后京师及各省中学堂以上毕业之学生，择其普通学完备，外国语能在接听讲者，酌送出洋学习实业；并令此后凡官费出洋学生，概学习农工格致各项专科，不得改习他科。又以前自费出洋之学生，非入高等以上学堂学习农工格致三科者，不得改给官费；其认习实业已给官费之学生，亦不准中途改习他科。"①此后，自费生虽然没有一定限制，但官费生则照此办理。1909年，美国退还庚子赔款派遣留美学生，也规定以8/10的学生学习农工商矿等科，限2/10的名额学习法政理财师范等科。此规定后被民国政府承袭。这或许是中国后来愈演愈烈至今依然的"重理轻文"的由头。

近代留学生运动的进行，"以数千年之古国，东亚文明之领袖，曾几何时，乃一变而北面受学，称弟子国。天下之大耻，孰有过于此者"②。这是一个尴尬的过程，又是一个必要的过程，中国的教育

---

① 转引自《近代留学思想之变迁》，见包遵彭等编：《中国近代史论丛》第1辑第7册，台湾正中书局1977年再版。
② 胡适：《非留学篇》，周质平编：《胡适早年文存》，台北远流公司1995年，第353页。

在这消长转换之中划出一个时代。

四 近代法律制度的初建

　　法律是文明的产物,又是现存文明制度的保障。中国的封建法制体系,从先秦到晚清,经历了两千多年的发展,最终形成《大清律例》。它的制定从1644年顺治元年清人入关开始;1646年,清代第一部法典《大清律集解附例》宣告诞生,基本延续《大明律附例》。1679年,康熙皇帝又对这部法典进行修改补充,特别是将律外条例加以修订,成为《现行则例》,与律并行;1689年,应广西道监察御史盛符升奏请,将《现行则例》并入《大清律》;1727年,颁行《大清律集解》,全律共436条,从此436条律文成为清律定本。1735年,又对清律重加编辑,1740年,由乾隆亲自厘定,定名《大清律例》,正式颁行。至此,清朝法律的制定告一段落。1746年又规定,律保持不变,例五年进行一次小的修订,十年进行一次大的修订,而律例合编也正是中国封建法典的传统。之后,附例不断增加,1740年时,附例1049条,到1870年,增至1892条,比明律附例增加近五倍。(图45)

　　在世界各国的中世纪法系

图45 《御制大清律序》

中,《大清律例》是比较完善的一种。但入近代后,旧法系不能适应新时代的种种问题也日渐显露,改革法律的呼声渐高,其中尤以两种激进思想的呼声最为强烈。

民族主义的思想。最突出的就是领事裁判权的影响,此法权是将"属人优越权"(Personal Supremcy)推向极致,而绝对排斥国家的"属地优越权"(Territorial Supremcy),从而对被施行国的主权构成严重侵损。从本质上讲,领事裁判权是一种司法管辖制度,但又不是一种简单的司法制度,它对外国侵略者的种种不义行径(政治、经济、军事、商贸、外交、文化)提供了全面的法权保护。以研究中国近代史而享誉世界的已故美国学者费正清把领事裁判权看做是列强在华整个不平等条约体系的"脊梁骨"[①]。另一位对19世纪中期的中外关系作出了杰出研究的西方学者格瑞汉姆(Gerald S.Graham)在其著作中也评述,在中外条约的众多条款中有两项是至关重要的,一项是片面最惠国待遇,另一项就是领事裁判权。[②]

鸦片战争以前,中国是一个司法上独立的国家,在涉外司法中,《大清律例》规定:"凡化外人有犯,并依律拟断。"不过,此项规定只是《大明律》乃至《唐律疏义》的原样继承,反映一种本能的天朝意向和传统礼制。在实践中,清朝君臣于此并不总是清醒。鸦片战前,中外司法纠纷就已严重存在,据不完全统计,从1689年到1839

[①] 费正清:《关注中国》哈佛大学出版社1987年版,第2页。转引自汪熙:《研究中国近代史的取向问题》,《历史研究》1993年第5期。

[②] *The China Station War and Diplomacy 1830—1860*,oxford,1978,p.225.

年间，涉外司法诉讼载入正式官方记载的约有39起，其情形差别很大，这些案件，大多数由中国政府依照中国法律来审理，但也有些案件是由来华的外国人自行审理的，外人自审案在39起案件中占11起。①说明中国的司法主权在鸦片战前就已经受到侵蚀。鸦片战争中，清朝君臣更把领事裁判权自行出让。因为英国政府没有把该项权益作为鸦片战争中势在必夺的内容，在1840年8月向中方递交的《致中国皇帝钦命宰相书》中，英方在指责中方在法律上不能公平对待中国人和外国人时就表示：

> 英国女王希望，她的那些前往外国的臣民应服从各该国法律；如果他们在外国地方犯法，女王陛下对于他们应得的后果，也不愿袒护。②

英国政府把领事裁判权列为较缓求的位置，理由很简单，英国发动首场对华战争的第一目标是打开中国的大门，开埠、割让领土、废除公行垄断等内容无疑具有这方面的意思。而有些内容则是打开大门之后才有实施的可能和意义，领事裁判权即如此，对这一部分

---

① 据《筹办夷务始末·道光朝》中华书局1964年版；李鸿章纂：《钦定大清会典事例》上海商务印书馆光绪三十四年石印本；王先谦：《十朝东华录》上海积山书局光绪三十二年本；故宫博物院：《史料旬刊》第3—31期；故宫博物院：《清代外交史料》1933年排印本；印光任、张汝霖：《澳门纪略》光绪庚辰刊本；许地山：《达衷集》上海商务印书馆1925年版；马士：《中华帝国对外关系史》商务印书馆1963年中译本，等统计。因有《尼布楚条约》等的规范，中俄间的讼案与海路贸易国的情况有别，故不包括在内。
② 《英国档案有关鸦片战争资料选译》下册，中华书局1993年中译本，第541页。

内容则分阶段徐图之。①出于策略的需要，英国侵略者推迟了领事裁判这一重要特权的提出，事情本可止于此。

但是，在英方暂时放弃的情况下，中国的涉外司法权问题却由清朝官员率先提出且主动出让。1842年9月1日，也就是《南京条约》签字后的第三天，钦差大臣耆英、伊里布，两江总督牛鉴联名向英国全权大臣璞鼎查发出照会，开列中方希望就《南京条约》未竟事宜继续善后交涉的12项内容，这些内容的大部分是奉旨行事，于中方有利。但也有部分内容的提出不合时宜，潜藏着被英方利用的危险，其中最严重的是专讲司法问题的第8条，谓：

> 此后英国商民如有与内地民人交涉事件，应即明定章程，英商由英国办理，内民由内地惩办。

在照会后，耆英等人还单附一段言辞对此条作进一步解释：

> 曲在内地商民，由地方官究治；曲在英人，由领事官究治。②

耆英等人的这段表示利害关系实在太重大了！要命处有三点：

---

① F.O.881/75A.
② 佐佐木正哉编：《鸦片战争の研究》（资料篇），东京日本近代中国研究会1964年，第218—219页。另按：据J.Y.Wong书中的提要介绍，甚至在9月1日照会发出的前一天，即1842年8月31日中方就已向英方提出了一项建议，由设在五口的英国领事约束在华英人的行为，如英人违法，由领事惩罚；华人由中国自处。该建议未见中文原件，审慎起见，只存案备查。Anglo-Chinese Relations 1839–1860, A Calendar of Chinese Documents in the British Foreign Office Records, Oxford University, 1983, p.69.

第一,将中国完整的司法主权肢解为二,将涉外审判权从中国的司法体系中割出,一改中国历朝在法权上奉行不替的属地优越权为属人优越权;第二,将英人在华审判权主动让渡,也就是我们所说的"拱手相让",导致以后难有转圜回旋的余地;第三,具体指明把审判权交付英国驻华领事而不是其他人员(诸如专门的司法人员),与领事裁判权的要旨契合。有学者把这份照会看成是"中国近代史上最要命的外交文件"①,言虽过重,但仅以此条在后来造成的严重后果看,不无道理。

耆英等人的建议令英方代表喜出望外,于是抓住机会大加利用。9月5日,璞鼎查复照,关于领事裁判权的内容如下:完全同意由英方接管在华英人的司法审判权,称此办法"甚属妥协","嗣后应如所议";另外添加倘若中、英民人"遇有相讼小端",由中国"地方官"与英国"管事官会同查办",中外混合案是涉外司法实践的难点和争执的焦点,璞氏答复主要集中在这个方面,可谓深得要领。中外会审制是领事裁判权的又一重要内容,过去认为,这是在1858年的《天津条约》中首次提出,由此看来,早在16年前就已经由英国全权代表在正式文件中提出;英方还提出遇有重案,"英人则交本国总管审判,华民则交内地大官究惩","总管"一词当指驻华公使,反映不仅领事而且公使均意图干预中国的法权;同时也涉及香港司法问题。

因为出让建议由中方主动提出,英方全盘接受,②英国在华领事

---

① 《天朝的崩溃》,第492页。
② 《道光年间夷务和约条款奏稿》,北京大学图书馆藏手抄本。

图 46 设在租界内的会审公廨为外国领事与中国地方官联合组成的中外混合法庭

裁判权由此初步确立。①领事裁判权曾在中世纪的欧洲有着广泛的实践，但 17 世纪以降，伴随着近代国家观念的勃兴，领事裁判权被视为严重侵害了宗主国的国家主权而在西方各国遭废弃。② 19 世纪，这种在西方久已废除的制度却随着殖民主义者的东来而在东方推行开来。耆英等晚清官员出卖国家重大利权而不自觉，使中国不幸成为东方国家中最早被套上最晚才摘除领事裁判权枷锁的国家。③以英国为起始，从 1842 年到 1918 年的 76 年当中，近代在华享有领事裁判权的总共有 20 个国家，牵扯领事裁判权的约章有 36 个，条款共 111 条。（图 46）

老辈外交家顾维钧先生在《外人在华地位》一书中得出的研究

---

① 郭廷以：《近代中国史》（二），上海书店影印版，第 484 页。
② 1697 年的《律斯威克条约》、1773 年的《乌得勒支条约》都有废除领事裁判权的规定，1739 年的《凡尔赛条约》第 40 款甚至极端规定："今后缔约国互不接纳领事。"有关领事裁判制度沿革，请参看 L.T.李：《领事法和领事实践》商务印书馆 1975 年中译本。萨道义：《外交实践指南》上海译文出版社 1984 年中译本。
③ 领事裁判权在东方各国的确立时间：中国，1842 年；暹罗，1856 年；日本，1858 年；废止时间：日本，1899 年；暹罗，1927 年；埃及，1937 年；中国迟至 1943 年才从名义上撤废，余绪仍残存到 1949 年。

结论是，直到19世纪60年代以后，清朝统治者才意识到领事裁判权的危害。这是伴随着国际法和近代民族观念的传入而逐步认识的。军机大臣兼总理衙门大臣文祥是最早向外人要求约束领事裁判权的官员，他在1868年与英国驻华公使阿礼国讨论过这个问题。[①]此后，中国人对此问题愈来愈关注，对外人在华司法特权的危害认识愈来愈清楚，反感也愈来愈强烈。

因领事裁判权等为引导，国人对西方法学，尤其是国际法也产生了十分切近的时代感和实用感。严复就曾译法国启蒙主义思想大家孟德斯鸠的《论法的精神》（严译《法意》），[②]该书是近代西方法学的经典，所论侧重于法哲学。为使《法意》能够更好地被国人接受，严复专作《孟德斯鸠传》，称孟德斯鸠"凡十有四年，而《法意》行于世。退搜远引，钩湛瞩幽。凡古今人事得失之林，经纬百为，始终条理。于五洲礼俗政教，莫不籀其前因，指其后果。即脱稿，先以示同时名硕海罗怀纣，海罗怀纣叹曰：'作者宇宙大名，从此立矣。'印板既布，各国移译，一载间版重者二十二次。风声所树，暨可知矣。福禄特尔尝称曰：'人类身券，失之久矣，得此而后光复。'拿破仑于兵间携书八种自随，而《法意》为其一。后为其国更张法典，勒成专编，近世法家仰为绝作，而《法意》为其星宿海也"[③]。严复

[①] 见王家俭：《文祥对于时局的认识及其自强思想》，《台湾师范大学历史学报》，1973年第1期。英国学者菲利浦甚至认为，直到1895年前后，领事裁判权"才使中国人感到为难"，这明显把中国人意识到领事裁判权危害的时间推得太晚了。参菲利浦·约瑟夫：《列强对华外交》，商务印书馆1962年中译本，第12页。
[②] 原著31卷，严复只翻译了29卷，并由英译本转译。
[③] 《孟德斯鸠传》，《严复集》第一册，诗文（上），第145—146页。

在译作中还加了330条按语,讲述法的起源和功能,法在君主制和民主制等不同政体下的作用,中国和西方在法领域中的区别,还讲述了立法、平等(人与人之间、民族之间、国家之间的平等)、狱刑等等概念。同其他领域的译介一样,严复对法学的译介和著述也表现出强烈的救世感,1897年,德国强占中国的胶州湾,英国报纸却为其辩护,严复当即在《国闻报》撰文,以西方的国际公法来驳斥其谬:

> 呜呼!吾今而知英人开化之说为不可信也。夫所谓开化之民,开化之国,必其有权而不以侮人,有力而不以夺人。一事之至,准乎人情,揆乎天理,审量而后出。凡横逆之事,不欲人之加诸为也,吾亦毋以施于人。此道也,何道也?人与人以此相待,谓之公理;国与国以此相交,谓之公法;其议论人国之事,持此以判曲直、别是非,谓之公论。①

在朝野先进思潮的推动下,至《辛丑条约》交涉时,中国政府即提出收回领事裁判权的要求。1902年9月签订中英《续议通商行船条约》,其中第12款规定:中国将整顿法律和西方法律力求一致,如中国的法律改革完成,英国将放弃治外法权,这是中国通过政府立约行为收回条约利权的最早起步。②虽然英国将放弃领事裁判权的时间推向遥遥无期,但收回法权的动机却促使中国法制改革的起步,具体表现在以下几个方面。

---

① 《驳英〈太晤士报〉论德据胶澳事》,《严复集》第一册,诗文(上),第55页。
② 王铁崖编:《中外旧约章汇编》第二册,三联书店,1959年,第109页。

(一) 民主主义思想的兴起。

入近代后,各种新法律观念在社会上引起讨论。诸如:个人与社会的利益应该如何划分(哪些是所谓不可侵犯的基本人权,哪些是应由社会共有并受其控制的利益)?由谁来划分(谁拥有立法权)?用何方式(法律还是行政命令)?法之外还有什么社会规范(礼、意向、道德)?社会规范和法

图 47 悬头示众是中国长期存在的一种酷刑

的关系如何(两者如何协调,如发生冲突,何者更具权威)?罪与非罪的界限(动机、意向、行动)?个人和社会受到侵害如何补救(刑事惩罚、民事赔偿、道义谴责)?罪行由谁认定(法律还是皇帝与官员)?司法程序(搜集罪证、拘押嫌疑、是否公审、辩护人制度)?罪与刑的关系(乱世与治世量刑是否有区别,死刑的价值何在)?刑的目的(报复、教育、吓阻)?刑与人道的关系(酷刑、死刑的评价)?司法机构与行政、立法机构间的关系(独立、兼理、从属)?对司法机关的监控(上诉、抗诉、司法机构自动复核、冤狱赔偿、行政救济)?等等。中西方的法系多有歧义。(图47)

一般说来,中国古代法系较为重视集体社会的和谐安宁,有一

种泛集体主义的特征，进而强调家族亲属的互保连坐；而西方近代法系更关注个人的价值，强调人道，反对株连。中国古代法系更重视道德的因素，所以成文法的规定比较灵活含蓄，着重判例，人为因素较重；而西方近代法系更重视法制的因素，罪与非罪的认定清晰，成文法更趋细密完备，制度因素比人为因素更重要。以今天的后见之明来看，两种法系虽有时代（中世纪与近代）的差距，却各有优劣。但在近代，由于中国国家地位的下降，中国法律被西方人认为是不人道和野蛮落后的，简单说来，就是不民主的，那时的国人对这一点也颇具认同感，认为中国旧法系最要害的鄙陋正在不民主、不独立。具体表现在，司法立法和刑法方面：西方奉行司法独立（三权分立），罪在法定（法无明文不为罪），罪及己身（不株连），法权平等（不搞议亲、议贵和刑不上大夫），法不溯及既往，无罪推定，公民不受非法逮捕和处罚；民商法方面：西方强调私有财产神圣不可侵犯，民事权利平等，契约自由；诉讼程序和刑罚制度方面：西方突出严格的步骤和次序，建立审判监督机制和辩护制度，保障民事诉讼当事人意愿自由处分，禁止逼供和残酷刑罚。对于这些，中国的封建法系大多反对。随着民主思想的传播，人们对此的非议也愈来愈强烈。

1901年，由两江总督刘坤一和湖广总督张之洞联名提出的《江楚会奏三折》中，首先提出修订法律的问题。1902年，朝廷命令刑部侍郎沈家本、驻美国大使伍廷芳以各国法律为参考来修订新律。1904年，清廷成立"法律修订馆"，以沈家本、伍廷芳主持，着手新法系的编制。新政的法制改革主要进行了下面三项工作。

（二）初步确立司法独立的原则

清末各项改革均有突破传统的一面，也有继承传统的一面。只有司法独立却是自古所无，并与传统有严重冲突。此前，中国政刑不分，地方知县、督抚、中央刑部、大理寺、都察院都享有审判权。1906年，中央体制改革，确立三权分立原则，把原来掌管审判的刑部改为专门负责司法行政的法部。把原来掌管复核的大理寺改名大理院，作为全国最高审判机关，并负责解释法令。1907年，又在东三省、直隶、江苏创设审判厅。中国司法行政分立从此开始。1910年，朝廷重申，审判机构"独立执法"，任何行政官员"不准违法干涉"。同时颁布《法院编制法》等，规定全国审判机关分为初级、地方、高等审判厅和大理院四级，各级审判机关配置独立检察机关（初级、地方、高等、总检察厅），还规定了公审、陪审、预审、回避、起诉、执刑等项制度。

（三）删改旧法，制定新法

20世纪以前，清朝的成文法典只有一部以刑法为主要内容的《大清律例》，其中律的部分自1727年后便没有再修订，律不载的依例解决，按照规定，例必须5年一小修，10年一大修。但从1870年以后却再未修订。新政的修律方针是修改旧律与制定新律同时并举，于是在清末就产生了两部刑法。一为《现行刑律》，根据《大清律例》删改而成，1910年5月15日颁布，这是一部新旧并用具有过渡性质的法典，它删改了一些不合时宜的旧条文，如酷刑、禁止同姓为婚和良贱为婚等，同时也增加了一些应因时势的新罪名，如破坏铁路和电讯罪等。二为《大清新刑律》，1911年1月朝廷批准，预定1913

年实行,是中国第一部具近代性质的刑事法律,它取消了某些法律特权(未能全部取消,此间还完成了《宗室觉罗诉讼章程》等,皇室仍享有若干特权),采取了罪行法定主义,规定了罪与非罪,遂与未遂,诉讼和执刑时效等界限,还有近代刑法中通行的缓刑和假释制度等。这部法典提出的许多概念名称至今仍在沿用。

(四)改革传统法律结构

自古以来,中国实行"诸法合体",无刑法、民法的区别,民法与商法,实体法与程序法不分。法制改革首先将商法独立出来,1903年开始制定各项"商律",陆续出台《奖励公司章程》、《公司律》、《破产律》等。其次,将诉讼法单列,1906年完成中国第一部独立的诉讼法典《刑事民事诉讼法》。最后,将民法独立,1911年完成《大清民律草案》,虽未及颁行,但于后来的影响自在。

第五章 行政体制改造

一 广州外交体制的解体与总署及外务部

鸦片战后清朝行政体制的变动首先是在与外人密切接触部分发生,这与口岸制度相关联。《南京条约》签订后,中国人民就开始了抗约废约的斗争,斗争首先兴起于不平等条约最早波及的地区,即首批开放的条约口岸。口岸人民采用各种方式抗拒侵略者,当时动静最大的是反入城斗争,其中以广州的斗争历时最久,规模最大。

鸦片战前,清朝实行广州独口开放制度,来华外商依定例居住"十三行"商馆,亦即"公行制度"。战后,英国人提出占地21英亩的区域不敷使用,中方便在"十三行"之外加修3所新商馆。但英人意不在此,进一步提出要进入广州城"自设码头"。《南京条约》及其附约关于外人进入五口的规定不太清晰,规定英人可以进入"五处港口",英国领事可以"住该五处城邑"①,这带来一个如何理解约文的问题。从字面上来看,并无明文准许一般外人在五口可以入城(只列港口)居住。英国官员可以进入的"城邑",是否就是城内也可两解,再有,任何国家在领土上开放口岸均有区域限定也是常理惯例。当然,此类咬文嚼字的学理探讨,只是某些文人官员和后人的事,一般广州民众并不以条约为然,只是直觉认为,外人一旦入城,后患无穷。

1842年11月,广东地方乡团"升平社学"得知英人的入城要求后,出面邀约附近80余乡的民众,又有人发出《全粤义士义民公檄》,文曰:

> 兹闻英逆将入珠海,创立码头,不惟华夷未可杂居,人禽不甘并处,直是开门揖盗,启户进狼,况其向在海外,尚多内奸,今乃逼近榻前,益增心患。窃恐非常事变,诚有不可以言尽者。若他国群起效尤,更将何以策应。是则英夷不平,诚为百姓之大害,国家之大忧,惟不共戴此天,方无愧于血气。如甘同履斯土,是真全无心肝。前者,恭奉上谕,士民中果有谋勇出众之才,激于义愤,团练自卫,或助官军,以复城邑,或扼要隘,以扼贼锋,或焚击夷船,

---

① 王铁崖编:《中外旧约章汇编》第一册,三联书店1957年,第31页。

擒斩大憝,或申明大义,开启愚顽,能建不世之殊勋,定膺非常之懋赏等因。钦此。士民等钦奉王言,共行团练,仿轨里联乡之制,指顾得百万之师,按田捐税之方,到处有三时之乐,无事则各归农业,有事则协力从戎,踊跃同袍,子弟悉成劲旅。婉娈如玉,妇女亦解谈兵。嗟乎!昔日从容坐镇,谁念寇在门庭,只今慷慨指挥,誓看波恬沧海,庶几金汤巩固,纾圣主南顾之忧。鲸鳄歼除,雪薄海敷天之愤。呜呼!结同仇以明大节,鉴此丹忱,伸天讨而快人心,赖此义举,天神共鉴,莫负初心。①

一时广州城内"民情汹汹",英人不敢轻举妄动。1845年,香港总督德庇时(J. F. Davis)以动武威胁,再提入城要求,两广总督耆英和广东巡抚黄恩彤不敢拒绝,联衔布告,定期开放广州城。民众愤怒情绪由对外转向对内,官府的布告被民众"屡示屡毁",民众还申言"夷人入城之日,闭城起

图48 广州民众反对英人进城场景

---

① 《鸦片战争の研究》(资料篇),第306页。

事",①迫使广东当局撤销原议。(图48)

1847年3月,发生了中外民人冲突事件,英国在美国和法国支持下,采强硬姿态,4月1日,英军动用900士兵,三艘汽艇和一艘横帆船,在达格威勒(D'Aguilar)指挥下,不宣而战,用36个小时的时间控制了香港到广州的全部河道,攻占虎门炮台,将中国守军的火药库炸毁,827门大炮的炮眼钉住。次日,向中方发出"自由进城"的最后通牒。4月6日,耆英接受通牒,同意两年后英人可以自由进城。②

1849年,两年期过,英人要求履约,继耆英后担任两广总督的徐广缙在民众支持下,态度转趋强硬,对英方的要求表示拒绝。英方恼怒,把兵船开进珠江。百姓闻讯,怒不可遏,当徐广缙上洋船与英方交涉时,10万群众集合两岸,呼声震天,待命开战。英方慑于威势,退回香港,暂时放弃入城要求。广州人民持续不懈的反入城斗争一直坚持到1856年,英国出动大批军队对广州实行军事占领,英国人才得以入城。

是时,广东军民在拒敌态度上出现的反差悖论是一饶有意味的个案。鸦片战争时代,粤兵不能战,粤民士气高几乎是时人有意无意间一致的评说。虎门之战,由本地兵组成的"台兵全散,提督关天培、游击麦廷章俱经尽节"。乌涌之战,"本省兵全数脱逃,湖南新到之兵尚能接战"。广州之战,英军虽然还"离城二十里,省兵士民挈家而逃者已大半矣"。总之,"惟(广东)本地兵以逃走为事,最

---

① 夏燮:《中西纪事》卷十三,页二。
② 魏尔特:《赫德与中国海关》上册,厦门大学出版社1993年中译本,第86—87页。
③ F.O.233/181/114.

不得力"。③与广东兵不能打形成鲜明映衬的是,广东百姓拒外民气的高涨却又堪称是各省之冠。这是又一值得深入研究的个案。鸦片战前,广州是唯一开放口岸,按说与外人接触较多,见多不怪。然鸦片战后,恰恰在五口中,广州是拒外民气最张扬的地区。1843年,黄恩彤先期来到广州,眼见"时粤东新遭警扰,内民与外人为仇,募勇数万,结队横行,骄悍难制",私下里对稍后来穗的伊里布说:"粤患未几,不在外,而在内也,……徇外人则内谤,徇内民则外嗔,此地抚夷,难于金陵十倍也"。①如果说,黄恩彤是当时有名的抚夷派人物,其对粤民带有贬义的评说不足论,那么,另一位强硬派的代表徐广缙也有同样的观感。在坚拒英人进入广州城的斗争中,徐广缙担心的不是广东,而是江浙。"窃以该酋既铤而走险,藉进城以图利,拒之过竣,难免激成事端。若止在广东滋扰尚可竭力捍御。倘移舟江浙,则柔脆之民,势难堪其蹂躏。"②两人将广东与江浙民气作的比较且得出的一致结论是耐人寻味的。

广州民气的张扬由此还影响到政府政策的转向。诚然,道光皇帝等对鸦片战败自始至终在心底里是不服气的,只是官兵们不争气,没有办法。三元里等事件使道光看到了民众的力量。鸦片战争尚未结束前,道光便颁发上谕,殷殷勉励广州乡绅建立"升平社学","雇觅丁壮团练自卫,遇警并听调遣",并传谕该省各府州县仿而效之。③

1847年,广州发生中外民人冲突的"黄竹歧案",耆英将乡民

---

① 《抚远纪略》,中国近代史资料丛刊《鸦片战争》(五),第419页。
② F.O.931/775.
③ F.O.931/58.

处死以平息外人的怒气，引起朝野的指责，奉调入京。道光帝在任命徐广缙代理粤督时告知："疆寄重在安民，民心不失，则外侮可弭，嗣后遇有民夷交涉事件，不可瞻徇迁就，有失民心。"林则徐也写信告诉他："人心可用。"①以徐代耆，不仅仅只是一般官员的调动，而是朝廷政策的转向。到咸丰继位，这种政策转变愈见彻底。其流变线索可以看得较清楚，由民到地方当局，又到中央政府。反入城的意义所在就不只是在抗约一个方面了，它对道光后期咸丰前期外交政策的趋向强硬，均发生了深刻影响。由此也给清政府带来了一种两难抉择的矛盾。

鸦片战后，清政府实行广州外交体制，一切外交不在京师与外人接洽，而在广州这个传统口岸由钦差大臣解决。按《南京条约》第11款规定，英国驻华总管（公使、大使）有与无论北京还是外地的中国大臣文书往来的权利，但清廷却规定，所有的"夷务"，均由两广总督兼钦差大臣办理，其他京内外大员不得与外人发生关系。那时的清政府最担心的就是外国使节进驻北京，担心"夷人"直接在天子脚下进行勒逼，而把他们推得离京城愈远愈好。广州无疑是一个比较合适的地点，该地不仅远离北京，而且有一整套对付外人的"旧制"可以依循。于是，在鸦片战后清朝建立了"广州外交体制"，主要内容是：把一切对外交涉安排在广州进行，具体办理人就是驻扎广州的最高官员——两广总督，他往往享有"钦差"的头衔，扮演着清朝外交部长的角色，两广总督衙门也就是清朝的外交部。

---

① 转引自沈惟泰：《英法联军之经过》，见"中华民国开国五十年文献纂委员会"编印：《列强侵略》（二）台北，1964—1965年，第116页。

这套体制在设立的头几年（1843—1847年），因为担任广州将军或两广总督的正是鸦片战争一系列条约的签订人和广州外交体制的重要设计者耆英（图49），所以因人成事，还能基本运转。但从1847年底开始，两广事务改由徐广缙主政，情况便发生了很大变化。徐氏很注意从民间吸取抗夷的资源，用那时流行的语言讲是"民心可用"。而广州一隅又恰恰是鸦片战争之间和之后中国御外民气最高的地区，徐广缙上台后，便利用民间的力量来推挡外人。继徐广缙之后的叶名琛对外更加强硬，其主政时，两广总督代理外交部长的角色基本陷于无用。叶名琛对外人的文书和见面要求要么采取不理睬的态度，要么有意羞辱折杀外国使臣，将见面地点安排在废弃的仓库、农舍等环境很差的地方。外臣没有办法，只好转道其他口岸，如浙江、上海等地谋求交涉，但这些地区的大臣们又没有从朝廷那儿获得与外臣发生关系的权利，只好劝说外臣仍回广州办理，外国使节们携带沉重的文件像没头苍蝇似的在各口岸之间来往，觉得是"被投来投去的梭子"（tossed to and fro like a shuttle）①。这样的局面一方面使清廷觉得叶名琛的"老将不会面"政策很解气，但另一面，也使清政府有意创造的广州外交

图49 耆英画像

---

① 转引自王曾才：《中英外交史论集》，台北联经出版事业公司1983年，第52页。

体制限于实际上的废弛。民气未能很好地被主政官员们利用，在对外斗争中作为有理、有利、有节的利器，终至第二次鸦片战争的爆发而使局面不可收拾。

第二次鸦片战争的基本起因是列强要扩大在华侵略权益，这是没有疑问的，但也与道光朝后期及咸丰朝初期"广州外交体制"的瓦解不无关系。鉴于此前清政府将"外交部"放置广州而无法发生效用的教训，第二次鸦片战争期间，列强很重要的战略目标就是将中国的外交机构移到北京，与清朝中央而不是地方当局直接打交道，外国使节也须驻扎北京。公使入京成为当时中外交涉的重点，被当时的中外双方所最看重。《天津条约》订立后，英方首席代表额尔金(J.B.Elgin)认为："这个条约所取得的最重要的东西是北京驻使，没有这一项，这个条约是一文不值的。"① 而清政府方面也认为："准夷酋之伪钦差驻京，动受挟制"，此条"为患最巨，断难允行"。② 所以，《天津条约》签订之后，咸丰帝并不甘心，曾指示清朝交涉代表不惜以完全豁免进口税和鸦片弛禁两项重要利权的让与来换取列强放弃公使驻京的要求，被列强所拒。后第二次鸦片战争在 1858 年《天津条约》缔结之后又续延两年，此项交涉未成是一个很重要的原因。到 1860 年的《北京条约》时，在英法联军兵入北京的压力下，清廷最后被迫接受此款。

按说，各国的主要外交代表常驻出使国的首都是近代正常外交制度的规定和国际惯例。清廷如此深拒外国公使进入北京，一是担心外使入京后会更方便地控制、威胁清廷，二是出于传统的礼仪顾

---

① 米契：《阿礼国传》第 1 卷，1900 年英文版，第 323 页。
② 《筹办夷务始末》（咸丰朝），第 4 册，第 1333 页。

虑，作为战败国，三跪九叩之类的大礼是不好再提了，但帝威所在，又不能不讲究这些礼仪，万般无奈，干脆来个不会面。它使得1842—1860年间，外国的驻华外交代表们只能是些居无定所的"游击公使"，外使没有驻节地，正规的外交关系也无从谈起。部分是因为这一点，我们把鸦片战前的中外关系界定为朝贡和贸易关系；而把第一次鸦片战争至第二次鸦片战争之间近二十年的中外关系界定为条约关系。尽管第一次鸦片战争把清政府拉入到了近代国际关系的格局中，但严格地说起来，1842—1860年间的中外关系仍不能说是近代意义的外交关系。在这一时期，中国虽和外国发生了频繁交往，但这种交往是极不正常的，除外国公使不得入京，中国的外交交涉多由地方当局而不是中央政府直接进行以外，中国没有正式的外交代表常驻国外，也没有任何中央政府级的外交机构，甚至没有专门的外交人员。这一时期的中外关系主要是建立在条约制度上，而不是外交关系上。中外之间的非战争联系主要是通过一系列条约的谈判、签署和执行来加以界定，这些界定并不仅仅局限于对外事务，还包括政治、经济、军事、文化等各个方面。（图50）

图50 咸丰同治年间与外国签订的部分条约

从朝贡关系到条约关系,是从古代到近代的一种过渡,但这种条约关系又是不平等的,是西方侵略者用战争强加给中国的。1860年《北京条约》的签订在近代中外关系史上是一个深具影响的历史性事件,它的重要性在于肯定了《天津条约》对中国近代外交制度的全部干预性规定。更重要的是,正是从《北京条约》签订之时,中国才开始创建具有近代意义的外交制度,它包括使领互派,使馆互设(中国驻外使馆的设立要晚一些),中国政府级外交部门"总理衙门"的设立,逐步采取符合国际规范的外交礼仪,以及例行常规的外事活动等。有必要指出,这里指的近代外交制度,主要指的是世界资本主义兴起阶段所形成的一整套外交体系,但中国近代的外交,除了移植资本主义的体系之外,还深深地带有半殖民地半封建的色彩。朝贡关系—条约关系—外交关系,标志着中国的外交渐次进入近代的范畴。毋庸赘言,我们强调从条约关系向外交关系的递嬗,不是要否认条约在近代外交中扮演的极其重要的角色,而正是相反。实际上,条约关系始终是中国近代对外关系的一个重要基础,中国近代法权上的不平等性质,很大程度上是通过不平等条约来规范的,中国近代外交制度的建立和演化,也很大程度上是不平等条约的产物。

第二次鸦片战争前后,中国行政制度变迁首先由涉外机构开始的另一表现是,1850年代,中国初步确立了近代的海关制度,可惜,中国新建立的海关主要由外国人操纵,即所谓的"洋关"。

清朝中央外交机构也于此时建立,1861年1月11日,由奕䜣提议,同月20日经咸丰皇帝批准设立了"总理各国事务衙门",习称"总署"。《清会典》对该机构的职掌范围确定是:"掌各国盟约,昭布朝

图51 总理各国事务衙门

廷德信,凡水陆出入之赋,舟车互市之制,书币聘饔之宜,中外疆域之限,文译传达之事,民教交涉之端。"总署下设"英国股",分管英国、奥地利外交事务及各国通商及关税等;"法国股",分管法国、荷兰、巴西、西班牙等国外交事务;"俄国股",分管俄国、日本等国外交事务及陆路通商、边防等;"美国股",分管美国、德国、意大利、秘鲁、瑞典、挪威、比利时、丹麦、葡萄牙等国外交事务及保护华工等;"海防股",管理海军、海防等项事务;另设有司务厅(类似办公厅)和清档房(类似于档案室)等。总署设立之初,是属于"俟军务肃清,外国事务较简,即行裁撤"的临时性机构。但是等到第二次鸦片战争结束,军务肃清,该机构非但没有裁撤,反而真正发挥起了作用,得到强化,成为凌驾于六部之上的洋务内阁,成为清朝的最高外交机构和洋务管理机构,其主持人始终是清朝中枢的权要人物,先是恭亲王奕䜣,后是庆亲王奕劻。它的开始运作也标志着晚清近代外交体制的形成和清代中央外交机构的初建。(图51)

中国官僚机构的近代化从涉外机构起步，个中缘由耐人寻味。新政时期的官制改革也以外交机构为起点，1900年10月，各国驻华公使会议提出《辛丑条约》的9项原则性草案，其中的第8条是"任命外务大臣，取消总理衙门"。1901年2月，列强委托美国驻华公使柔克义(W.W.Rockhill)和日本驻华公使小村寿太郎组成专门研究总理衙门改组事宜的班子，这是列强对中国中央政府外交机构的直接干预。5月，清廷发布上谕表示接受各国建议，创设外务部。7月24日，清廷宣布以外务部取代总理衙门。外务部的地位崇高，"班列六部之前"，班子配备也很强，额设大臣3名，左右侍郎各一人。

从中央没有专设外交机构，由广州官员代管国家外交的时代，到总理衙门时代，又到外务部时代，"外交"在中国政治体制中的地位愈益重要，这与中国融入世界的步履相一致。在全球资本主义大潮的冲击下，中国无法再闭关自守，中华文明也不可能再封闭独处。中国制度文明的变迁以外交为最初的张本，说明了在制度文明交替的进程中，中国在走向世界，世界也在走向中国，而两者的接触点每每是最早引出变化的切面。《辛丑条约》在1901年9月7日签字，外务部的成立是在此前一个多月，说明外务部的设立除了列强的压力外，清廷内部也有主动改革的意图。如果说，总署还具有从传统外交机制到近代外交机制过渡形态的话，那么，外务部则是比较近代的产物了，它的成立也标志着中国的外交机构与世界外交通行机构的接轨。

二 中央与地方的官制改革

政治体制改革极重要的方面便是官制的改革,它是晚清费力最多,阻力最大的一项改革,可以分为中央和地方两个层次。

中央体制改革。戊戌时期,维新派曾试图对其进行改造,但没有成功,反映了历史惰性的强大。但戊戌期间宣传的社会进化论的思想逐渐深入人心,物竞天择、弱肉强食成为中国人广泛接受的万古不易的天演定律,中国已处在"弱肉"之命运,如再不自强,必将亡国灭种。国人尤其是知识界的目光开始从传统和古代转向当下和近代,"中国数千年学术之大体,大抵皆取保守主义,以为文明世界在于古时,日趋而日下",进化论传入后,"以为文明世界在于他日,日进而日盛"①。进化天演的极重要的方面就是政治制度的变易,这也是那时的人们最瞩目的。庚子后,清廷不得不再次进行此项改革,又说明新机制终究要突破历史惰性的必然。

20世纪初,政治体制改革全面铺开。1903年,清中央增设"商部",传统中国,商为四维社会之末,商部的专设映射出时代的演进。1905年,清廷成立学部,作为管理全国教育的最高行政机构,自此教育行政从礼部中独立出来。而巡警部、邮传部等的设立,则反映出政治体制中新的专业部门的凸现。在1905年中央机构中还出现了财政处、练兵处、税务处等。这些机构的设立有两个特点,一是零星设立,反映朝廷的谨慎,1905年之前的政治体制改革只是在小步

---

① 梁启超:《与严幼陵先生书》、《南海康先生传》,分见《饮冰室合集·文集》之一、之六。

摸索；二是只设新，不裁旧，设立的都是过去没有或者权限过小的职能部门，因此牵动面较小，没有引起太多反对。但如此新旧并存的状况，也使机构配置重叠，职责不明，效率低，冗员多的现象有增无减。

1906年预备立宪开始，朝廷决定对政治体制作较全面的改造，宣布预备立宪"先行厘定官制"，政治体制改革成为预备立宪推行的第一项工作，这应该说是抓到了问题的关键。9月21日，政府颁发改革官制上谕，成立"编制馆"作为专门机构。

官制改革除制度层面的改革外，还牵扯到政治权力的分配，牵扯到官员和集团的利益，因此斗争特别激烈。由北洋大臣直隶总督袁世凯操控的编制馆（袁时任官制编纂大臣）最初设想的方案是进行大手术：仿照各立宪国的模式，裁撤军机处，成立责任内阁。

方案尚在酝酿时，就遭到多方面的反对。首当其冲的是来自军机大臣们的抗议，按编制馆的拟定，阁员为专任，不得兼职。但军机大臣均有兼差，这样，其权限将大为缩小。如军机大臣瞿鸿禨将只能管外务部，军机大臣荣庆将只能专管学部，而军机大臣铁良如果入阁，即便担任副总理，其财权（户部尚书）、兵权（练兵处会办）亦将同时失去。故铁良声称："立宪非中央集权不可，实行中央集权非剥夺督抚兵权财权（针对直督袁世凯），收揽于中央集权则又不可。"① 瞿鸿禨也向慈禧密言：军机处不可废。再一阻力来自御史台谏。御史赵启霖、江春霖、赵炳麟等风头最健，时称"三霖公司"，他们与数十人群起上疏，认为成立责任内阁时机不成熟，将导致君

---

① 《时报》，1906年9月30日。

权旁落,出现"大臣专制政体"。他们是对人不对事,攻击矛头所向是袁世凯。

面对朝议汹涌,朝廷提出"五不议"的官制改革原则,即军机处、内务府、翰林院、八旗、太监这五个方面在体制改革中不讨论,原封不动。11月6日,中央官制改革拟定完成,军机处保留如旧,设立11个部,即原设的外务、吏部、学部照旧;户部改度支部;礼部以太常、光禄、鸿胪三寺并入;兵部改陆军部;刑部改法部;大理寺改大理院;工部并入商部,改为农工商部;轮船、铁路、电线、邮政另立,成立邮传部;理藩院改理藩部。

1911年,清朝的行政制度又有了大变动,颁行内阁官制,内阁设总理大臣、协理大臣及外务、民政、度支、学务、陆军、海军、司法、农工商、邮传、理藩等10个部,为近代行政体系的全面建立奠定了根基。有学者认为:"民国肇建,官制官规,时有改变,其实大体亦循清季官制,第变大臣之名为总理、总长,变内阁为国务院耳。"[1]

在中央体制改革的同时,地方体制改革也在进行。清代的地方体制比较复杂,内地建制为行省,1906年时有19个;东北是以八旗驻防体制为主的特别区域;内蒙、外蒙、青海、西藏是所谓"藩部"特区;此外还有京师的顺天府。而作为地方体制主体的行省又有分层隶属,细分为省、道、府、县4级,省级最高长官为总督、巡抚,下有布政使,主管民政财政;按察使,主管司法监察;学政,主管学校教育。省下为道,置道员,道员分为两类,一类是专管道员,如

---

[1] 柳诒徵:《中国文化史》下卷,东方出版中心1996年,第836页。

粮道、河道、盐法道等；一类是区域道员，如分巡道（管理辖区内的司法）、分守道（管理辖区内的财政）等。省以下的行政区划有府（长官为知府）、县（长官为知县）。

清末的地方体制改革从东北地区入手，东北为清王朝的发祥地，1668年被列为禁区，行政上自成体制，有别于清朝的地方行政系统，以"盛京将军"为最高军政长官。但随着东北移垦社会的扩大，行政禁令已难以围堵经济的扩张。1734年东北的耕地只是2622722亩，1749年东北的总人口不过406500人，到1907年，东北的人口增长到14457087人，耕地则增长到109839014亩，人地增长量都翻出几十倍。更紧要的是，1904年为争夺中国东北的控制权，爆发了日俄战争，日俄两国侵吞中国东北的野心昭然若揭。所以，要尽快将东北在行政体制上与内地划一，使其成为中国不容分割的部分。1907年4月，清廷下诏东北改制，正式设奉天、吉林、黑龙江三省，使中国的行省数目达到22个，改盛京将军为东三省总督，奉天、吉林、黑龙江设巡抚，纳入行省系统，从制度上彻底解除清初开始的封禁局面，扩大了中国地方行政制度的行使区域，也进一步使东北边疆在政治、社会、文化上与中原地区密不可分。（图52）

在东北改制的"经验"上，1907年7月，清廷批准《地方体制章程》，因为涉及督抚等地方权限，阻力特大，多次提案都遭地方反对，只能作些枝节性改动，对原有体制改动不大。具体内容是：明确总督权限为专管辖区内的外交与军政。巡抚权限是总理地方行政。省级机构中设有三司：布政司、提学司（由学政改易）、提法司（由按察司改易）。其中地方官制改革中的"亮点"是对"道"这一级别

图52 东北设省后,首任总督徐世昌与同僚合影

进行比较大的增减,裁撤了过去的分守、分巡道,而新设立巡警道(专管治安)和劝业道(专管实业)。

　　清朝政治体制改革中另一引人注目的现象是地方自治的初行。1905年,上海的地方绅商自行设立了"上海城厢内外总工程局",吁请某种程度的地方自治。1906年,由地方当局和绅商联合成立了"天津自治局"。到1908年,各地成立的地方自治性机构有100多个。为把地方自治纳入操控轨道,1909年1月,清政府颁布《城镇乡地方自治章程》,随即出现了一阵地方自治的小热潮,到1911年,各地成立的城自治公所一千余个,府、州、县的自治机构也大部分成立。清廷推行地方自治的目的是调节国家与社会、中央与地方、皇权与绅权的关系,地方和绅商却想通过此来扩大社会与政治的参与,部分"减杀君权"和"官权",它已含有近代地方自治制度的某些含义。

清末体制改革中最具"时代意义"的当推代议机构的新立。1908年7月22日,朝廷公布《各省咨议局章程》和《咨议局议员选举章程》。1909年10月,除新疆缓办外,全国21个行省的代议机构——咨议局全部成立。1910年10月,中央代议机构——资政院成立。在此前后,县级代议机构——议事会也陆续成立。这些机构具有中央、省、县三级议会代行机构的职能,在皇权官权之外另立一个政治重心。在这些机构中供职的"议员"也明确地具有"近代政治家"的身份。

第六章 共和制的缔造

入近世后,西方"新文明之势力,方挟风鼓浪,蔽天而来,叩吾关而窥吾室,以吾数千年之旧文明当之,乃如败叶之遇疾风,无往而不败衄"①。两种文明之战的结果是中国传统文明有了大改观,传统文明的诸多样式或是式微或是演进,东西方文明发生前所未有的撞击和融合。西洋文明的大规模引入,使得中华古文明出现了结构性变迁——外延扩大,内容增多,蕴义演进,中华近代文明的整体格局开始架构成形。而共和制的缔造为中华近代制度文明形成进程中最具里程碑的标志。

---
① 《胡适早年文存》,第353页。

一 制度间的抵牾

西学全面东渐是缓慢的,又是持续和深刻的。西学的渗透先从通商口岸开始,逐渐波及沿海地区,又进入到内地的某些大城镇。西学首先在某些思想敏锐的人群中产生反应,这些人身份各异,却大都有文化人的背景,正所谓"士子学西学以求胜人。"① 西学的流播在近代中国经历了由浅入深由点及面的过程。

鸦片战时和战后的一段时间,士子对西方的认识停留在一些混沌的表象中,一方面表现为率先睁眼看世界的先驱者的自我本体认识相当局限。无论是林则徐的《四洲志》和魏源的《海国图志》,还是徐继畬的《瀛环志略》和姚莹的《康𬨎纪行》,尽管它们因为是最早的一批国人自撰介绍西方状况的著作而显得弥足珍贵,但这些著述在介绍西方时仍显得相当地初步、浮浅和零碎,甚至有不少的错误。因对外部世界的了解毕竟太有限,这些著述只得不约而同地采取主要是摘引的办法来构建自己的体例。魏源把这种方法称为"以西洋谭西洋","斯纯乎以夷人谭夷地也"②,功夫主要用在翻译和编排上。徐继畬说得更直白:"泰西诸国疆域、形势、沿革、物产、时事,皆取之泰西人杂书。"③ 摘引的对象也只是当时国人所能接触到的极少的几部西人著作,如《四洲志》主要取材于英国人慕瑞(H. Murry)的《世界地理大全》的片断节译;而《海国图志》除此外,

---

① 刘大鹏:《退想斋日记》,山西人民出版社1990年,第102页。
② 魏源:《海国图志》(大西洋)卷三十九,岳麓书社1998年校注本。
③ 徐继畬:《瀛环志略》(凡例),(台湾)近代中国史料丛刊续编本。

图 53 魏源画像

参考的也无外乎是英国伦敦会(London Missionary Society)传教士马礼逊(R. Morrison)的《外国史略》①，美国美部会(American Board of Commissioners for Foreign Missions)传教士裨治文(E. C. Brigman)的《美理哥合省国志略》等书；而《瀛环志略》所用的地图则全部摹自美国传教士雅裨理(D. Abeel)的世界地图册。这些原作的传教士，不是专业人士，对科学的理解难以准确、系统、深入，并要受到宗教的束缚。上述睁眼看世界的先驱者们又是再度转译的倒手，缺漏谬误自然难免。（图53）

---

① 魏源自己就承认："《海国图志》六十卷，何所据？一据前两广总督林尚书所译西夷之《四州志》，再据历代史志及明以来岛志及近日夷图夷语，钩稽贯串。"《海国图志》原叙。

另一方面是这些大打折扣的作品在鸦片战后的相当一段时间里，其社会影响力也是很有限的。时人对西方的了解普遍停留在若干趣闻、野史、好奇者言和天方夜谭的层面。譬如当时清朝中人对"英夷"情事最为关切的方面便是"女主"习俗。书成于道光十二年的《英吉利记》称："英吉利人，…婚丧嫁听女自择，女主赍财，夫无妻媵，在国王以下莫不重女而轻男。"①江苏文人陈逢衡的《英吉利纪略》和安徽廪生汪文泰的《红毛番英吉利考略》是当时有数的介绍英国情况的著作，也都特别讲说"现今国王系女主"，"赘所属邻国之二王子为婿"。②1840年8月间英军首至天津白河口，直隶总督琦善派人探得英国"国王已物故四年，并无子嗣，仅存一女，年未及笄，即为今之国王"，以女主为王已是不成体统。"又询以此人何不适人，据称向来该国女子许嫁，均系自行选择，兹亦任其自主。"居然自行选择婚配对象，愈发让琦善等觉得形同禽兽："是故蛮夷之国，犬羊之性，初未知礼义廉耻，又安知君臣上下。且系年幼弱女，尚待择配，则国非其国，意本不在保兹疆土。"③《南京条约》签订当天，钦差大臣耆英向朝廷奏报约款各条，又专门把"英夷重女轻男，夫制于妇"一节提出。④时任江苏布政使的李星沅看到南京条约的第一反应也居然是对"夷妇与大皇帝并书"签名的不解。⑤战后，

---

① 萧令裕：《英吉利记》，中国近代史资料丛刊《鸦片战争》（一），第20页。
② 胡秋原编：《近代中国对西方及列强认识资料汇编》第一辑，（台湾）中研院近代史研究所1984年，第860—862页。
③ 《鸦片战争档案史料》第二册，第393页。
④ 《鸦片战争档案史料》第六册，第158—159页。
⑤ 《李星沅日记》上册，中华书局1987年，第428页。

广东巡抚黄恩彤曾细密的将中英双方的优劣条件作比较,分析英国人的不利条件之一是"夫制于妇"①。广州出现的一份名曰《全粤义士义民公檄》的传单也提到:"乃独有英吉利国,其主忽女而忽男,其人若禽而若兽,凶残之性,甚于虎狼。"②鸦片战争为首次东西方文明的大规模碰撞,朝野间对由此引出的诸多创深巨痛的问题视若无睹,却不约而同地对英国女王发生浓厚"兴趣",这除了能满足某种猎艳和好奇心态外,还与潜藏的女主干政其势不久的传统心理有关。当时的中国人多把这当做是女人乱政母鸡司晨等中国传统理念所不齿的表征,恰好印证了"夷人行同禽兽"这一"人禽之辨"的圣人命题的正确。

战败后总结教训,作比中西,自是良方。但由于目光的狭窄,这种总结得出的结论却透露出愚昧,视野所及仍跳不出传统文化的圈子。

不过,在西方思想渗入中国的早期,尽管有上述初始形态的各种表现,却也有某些可圈可点的内容引介,其中特别异乎寻常的便是西方的政体学说。中国人在引进西方其他学说上表现出某些方面的不得要领,而在引进西方政治学说上比较能把握其"要害核心",深得其窍。清人对西方近代政体的早期理解主要在三个方面:国会制度,宪法体系,责任内阁,统而言之,就是宪政思想。一个有意思的现象是,中国近代对西方宪政思想的引介并不是一揽子进行,而是在内容上有先后,在时间上不同步。

---

① 黄恩彤:《抚夷论》,中国近代史资料丛刊《鸦片战争》(五),第435页。
② 佐佐木正哉:《鸦片战争の研究》(资料篇),(东京)近代中国研究会1964年,第303页。

最早在中国得以传播的是国会思想。前揭19世纪40年代林则徐主编的《四洲志》和魏源的《海国图志》最早着墨于西方的议会制度。其中对法国众议院的翻译是"占马阿富衙门"(Chamber of dcputics),未作具体解释。对英国国会的介绍要明晰得多,"国中有大事,王及官民俱至巴厘满衙门(Parliament,议会音译)会议,及行大事……虽国王裁夺,亦必由巴厘满议允。国王行事有失,将承行之人交巴厘满议罪"。对美国国会的介绍最为详细:"设立衮额里士衙门(Congress,议院音译)一所,司国中法令之事,分列二等,一曰西业(Senate,参院音译),一曰里勃里先好司(House of Representatives,众院音译)"。两院议员的产生办法是:"在西业执事者,曰西那多(Senator,参议员音译),每部落公举二人承充,六年更代";"在里勃理先好司执事者,曰特底甫(Representative,众议员音译),由各部落核计四万七千七百人中公举一人承充,二年更易"。凡经济贸易、赋税征收、法律词讼、军国重事等等,都必须由两院"议允施行"。①解释已经相当到位。稍后,徐继畬的著作更详细地介绍了英国的上院(爵房)和下院(乡绅房):"爵房者,有爵位贵人及西教师处之;乡绅房者,由庶民推择有才识、学术者处之。国有大事,王谕相,相告爵房,聚众公议,参与条例,决其可否,复转告乡绅房,必乡绅大众允诺而后行,否则寝其事勿论。其民间有利病欲兴除者,先陈说于乡绅房,乡绅酌核,上之爵房,爵房酌议,可行则上之相而闻于王,否则报罢。……大约刑赏、征伐、条例诸事,由爵者主议;增

---

① 魏源:《海国图志》卷六十。

减税课，筹办帑饷，则全由乡绅主议。"①

　　西方政体学说的传播经太平天国运动的爆发而出现另样面相。1853年3月19日，50万太平军似狂飙铁流，所向披靡，攻占南京，改称"天京"。洪秀全这样一个连秀才都考不上的落魄书生，借助一些他自己也不能完全领会的西方宗教，在社会矛盾激化的中国土壤上，因缘乘势，建立起了一个与清政府对立的新政权。这同时在政治制度层面上表明了清朝统治的脆弱和政治制度的弊端。洪秀全揭橥拜上帝教的大旗之后，就开始了毁灭道观寺庙龙王孔庙等行动，就连孔孟圣贤书，也是"抛之不及以火烧，烧之不及以水浇。读者斩，收者斩，买者卖者一同斩"②。基督教本是一种具有强烈排他性的文化体系，对中国以儒学为主体的传统文化构成直接冲突。定都南京等礼仪繁盛之地后，洪秀全禁儒毁佛灭道查俗的态度愈发激烈，规定只有太平天国编撰和"旨准颁行"的"真道书"才能在世上流通，"当今真道书者三，无他也，《旧遗诏圣书》(《圣经旧约》)，《新遗诏圣书》(《圣经新约》)，《真天命诏书》(又称《真约》，为洪秀全等太平天国领导人的著作③)也"。其他所有的书都在查禁之列。但是，洪秀全和他的战友在文化上排斥中国传统资源的同时，在政治

---

① 徐继畬：《瀛环志略》卷七。
② 马寿龄：《金陵癸甲新乐府》，中国史学会编：中国近代史资料丛刊《太平天国》(三)，神州国光社1952年，第735页。
③ 《真约》由两方面的书籍构成，一是记载天父、天兄圣旨及下凡活动的典籍，现知有7种8部，即《天条书》、《天命诏旨书》、《天父上帝言题皇诏》、《天父诗》、《天父圣旨》、《天兄圣旨》和《天父下凡诏书》(包括前后相接的两部)；二是记载洪秀全升天受命下凡作主及其早期行迹的典籍，现在知道的有两部：《王长次兄亲目亲耳共证福音书》、《太平天日》。合起来是9种10部。

图 54 《资政新篇》

制度上却基本继承了中国传统的帝王之制，这也从政治制度上判定了太平天国的无所作为，只是一种王朝更替式的革命，这种政治革命在近代已不具意义且难有成功的可能。

也有新声音的出现，那就是太平天国后期领导人洪仁玕设计的学习西方的蓝图——《资政新篇》，与名目上所反映的一样，此蓝图的很多方面都是从制度领域尤其是政治制度方面来立论。由于太平天国的失败，洪仁玕未能完成其"资政"的设想，其历史遗命却由其对手曾国藩、李鸿章等洋务派所承继。（图54）

曾国藩和他的同僚们并没有完全照搬《资政新篇》一揽子学习西方的方案，而是有所区别。洋务派们对西方的政治制度即"西政"并不感兴趣，他们对西洋文明引介的兴奋点多停留在"西器"的层面。这种见识的集中表述就是"中体西用"（时人类似的表述还有"中本西辅"、"中道西器"、"中道西艺"、"中本西末"等等）。太平天国失败后，"中体西用"观渐成国人应对西学的主体见识。中体西用论者坚持认为：清朝的制度和官方意识形态都是良美至善的，西方文明对中国的优势无外乎只是坚船利炮与声光化电。将"体用"观予以理论化表述的张之洞曾严格限定了"中体"与"西用"的界限，所谓"五伦之要，百行之原，相传数千年更无异义，圣人所以为圣人，中国所以为中国，实在于此"。这属于"体"的范畴，无须向西方求教。而"学校、地理、度支、赋税、武备、律例、劝工、通商……，算、绘、矿、医、声、光、电、化"等属于"用"的范畴，可以向西方学习。简言之，就是"中学为内学，西学为外学，中学治身心，西学应世事"。如此一来，便能"既免迂陋无用之讥，亦杜离经叛道之弊"。[①]作为19世纪后半期的一种官方或准官方的主流意识形态和政治文化观，"中体西用"所要回应的实际上是一个莫大的时代课题：就是如何处理传统与近代，中学与西学的关系。这是明清之际耶稣会士来华以后，特别是鸦片战争以后，又特别是洋务运动开始以后悠远漫长不断困扰中国人的一个大题目。庚子义和团事变后，"中体西用"观逐渐式微。但其所提出的问题并未完全解决，或是固守传统，或是全盘西化，或是亦中亦西，或是西学中源，各种理论，林林总总，无外乎还是从中西体用观这棵根茎上滋生出来的各时代的变种而已。

但是，在洋务时期，尽管西方的政体学说遭到权要的冷落，但西方的议会思想还是得到一定程度地传播。1884年，除了朝野一般性的鼓吹之外，甚至出现了官员向朝廷的直接上折建言。这年，编

---

① 张之洞：《劝学篇》，中国近代史资料丛刊《戊戌变法》(二)，上海人民出版社2000年，第220—224页。

修崔国因向朝廷奏上请设议院的附片；能量更大的是淮军大将两广总督张树声在其遗折中也提出了设议院的建议，并在朝廷引发了一场争论。①

有意思的是，议会宪法这些在西方政治制度中合而为一的事体，在中国却有了离析。与议会思想率先传入形成某种反差的是，宪法思想的传入却略晚近。国人对宪政思想的理解首先从议会制度起步，而不识宪法，大概是因为议院为具象，较易认识，而宪法较抽象，认识较难；更因为宪法较之议会对君权更具有一种根本大法的约束，更强调"主权在民"、"法律面前人人平等"、"宪法至上"、"制宪"、"违宪"等内容的法律化、制度化、神圣化，在专制政体强大的时代尤难传播。据考，在1895年之前，还绝少有人提出宪法问题。被认为在中国最早提出该问题的是早期启蒙思想家郑观应，他在1895年所作的《与陈次亮（陈炽）部郎书》中把"开国会，定宪法"作为救国的主要方略提出。②同一时期提出的《治安五策》的最末一项也是"定宪法"。在其诗中还反复鼓吹："议院固宜设，宪法亦须编"；"宪法不行专制严，官吏权重民太贱，妄谈国政罪重科，上下隔阂人心涣。"③

甲午战败宣告了洋务运动的终结，也布告了"中体西用"观的缺陷。取而代之的是戊戌思潮，这是一种面对西学更加开放的社会思潮，其中最主要点就是更大程度地吸收了西方的政体学说。甲午

---

① 孔祥吉：《清廷关于设立议院的最早争论》，《光明日报》，1988年8月24日。
② 郑观应：《盛世危言》卷四。
③ 转引自侯宜杰：《关于首倡君主立宪者之我见》，《文史哲》，1989年第5期。

战争,蕞尔小国日本打败了堂堂大清朝,惨痛教训之一就是日本能果决地实行"脱亚入欧",在政治体制上迈入资本主义,使国势骤强。走日本人的路,更大程度地吸纳西学西政,不仅在"用"的层面上学习西方,还要在"体"的层面效法西方。甲午战后的几年是中国思想界的一个很重要的转折期,从这时开始,中国才比较正规地迈进到自觉理智地、整体规模地向外国学习的历史进程中去,国人对西学的领悟也从感性的"力"的浅层次深入到理性的"智"的层次,表现出对近代文化精神——近代人文主义和启蒙精神的觉悟,并进而引起了西方思想文化和中国传统思想文化的第一次大融合——维新思想由而产生,维新思想里很重要的内容就是政治制度上的除旧布新。

　　维新派对西方的政治学说表现出前所未有的热情。1895年,在康有为起草的《上清帝第二书》和《上清帝第四书》中都提出"议郎制"的方案。1898年1月,康有为上光绪帝第五书,其中明确提出"自兹国事付国会议行","采择万国律例,定宪法公私之分"。直接形诸"国会"、"宪法"的字句,其后,康有为上光绪第六书中又提出开"制度局"的建议。君主立宪的思想初步完形。

　　但戊戌年的改革是激进的,又是脆弱的。维新派尚是一个处在转变中的未定型的社会派别,康有为的思想便十分庞杂,既有承继传统的一面,如公羊之学、宋明理学、佛教大乘思想,又有以半生不熟的形式得自西学的内容,如社会进化论、三权分立的政体学说、近代民族民主观念等等。理论的待成熟使得改革派变法方略的设计带有极不成熟的征象。在百日维新的103天中,光绪皇帝发布的有关改革的谕旨就有230多道,牵扯方方面面,由于急于求成,大多数变法诏令的出台杂乱无章，缺乏善后，不具可操作性；少数勉力推行的举措又骤然牵动了太多人的切身利益，使得改革的对立面扩大。"戊戌六君子"之一的康广仁在政变发生前就已看出危机所在："伯兄（康有为）规模太大，志气太锐，包揽太多，同志太孤，举行太大。当此，排者、忌者、挤者、谤者，盈街塞巷，而上又无权，安能有成？"①慈禧及保守派举手之间，便将改革派投入血泊。

作为一场政治运动，百日维新短时而败，但戊戌运动自有其成功之处。戊戌变法是中国历史上第一次大规模的资产阶级思想启蒙运动，是中国近代史上第一次思想解放运动，"斯时智慧骤开，如九流沸腾，不可遏抑"②。在运动中，维新志士们以西学为启蒙武器，不仅要求学习西方的坚船利炮，而且要求学习西方的制度政体。他们以物竞天择的进化论来论说制度变换的必要和紧迫；以自由平等天赋人权的启蒙学说来阐释君民关系的新理念；以救亡必须变法，变法必须学习西方的新思维来论证全面引介西制的重要。这一切在深度和广度上都是前所未有的，它扭转了此前向西方学习的自发状态和被动局面，"开出晚清思想界之革命，所关尤重"③。戊戌时期初步奠定的新文化结构体系和新政体启蒙宣传也在中华文明由古代转入近代的历程中发挥了具有决定意义的枢纽作用。甚至可以说，中国传统文明向近代文明的主体位移是从这时发生的。④

---

① 张元济编辑：《戊戌六君子遗集》第6册，（上海）商务印书馆1917年。
② 无涯生：《论政变与中国不亡之关系》，《清议报》第二十七册，光绪二十五年八月十一日。
③ 梁启超：《中国近三百年学术史》，（上海）中华书局1936年，第193页。
④ 参吴廷嘉：《戊戌思潮纵横论》，中国人民大学出版社1988年。

戊戌政变使得维新派提出的新制度建设的主张未能付诸实施，宪政思想的传播也暂时中断，除了流亡海外的康有为、梁启超辈等外，在国内，特别是朝中基本无人再提。沉寂的局面随着庚子事变后新政的兴起而再度活跃。

如果说，洋务运动侧重于物质文明的构建，戊戌运动侧重于精神文明的构建，那么，新政时期的侧重点便是制度文明的构建。但新政时期建构的制度主要是"中级层面"的制度，诸如前面分门别类列举的军事、财政、教育、司法、行政等。而对"高级层面"的制度，诸如国家政体等则一仍其旧。这样，随着制度文明的迅速进步，两者间便出现抵牾。具体制度层面改革得愈多，与最高制度层面的不适应便愈突出，对最高层面的制度进行改革的要求也就愈强烈。制度建设是一个整体，中层制度的改革势必伴随高层制度的改革，不可能想象各项具体制度已迈入近代，而高级制度层面还冥顽不变地停留在中世纪，在这方面，不可能削足适履，中层制度的改革势必引出高层制度的改革。而这恰是立宪运动和辛亥革命试图解决的。

1901年6月，出使日本大臣李盛铎入奏："查各国变化，无不首重宪纲，以为立国基础。惟国体、政体有所谓君主、民主之分，但其变迁沿革，百折千回，必归依于立宪而后底定"，吁请朝廷"参考各国宪法"，"勒为定章……垂为万世法守"。[①]20世纪初叶，宪政思想的传播一改戊戌政变后的低迷状态，骤然风行鼓荡，就连此间出版的某些专业教科书也附带连笔予以鼓吹，1902年出版的《世界地

---

① 《追录李木斋星使条陈变法折》，《时报》，1905年11月28日。

理》一书写道:"今世界所行之政体有二:君主政治与民主政治是也。君主政治,乃君主在上统治一国。其中亦分为两种:即专制君主制及立宪君主制也。民主政治,则以国民所选举之代议士,办理国政,其行政部之长,称曰大总统。"而同年出版的吴启孙翻译的《世界地理学》一书,不仅介绍了立法、行政、司法三权分立学说,还专门介绍了日本的责任内阁制:"行政部,内阁总理大臣为首,其下外务、内务、大藏、陆军、海军、司法、文部、农商务、递信凡九省,皆有大臣。"①略晚一些的时论对此谈得更明确:"所谓责任内阁者,此责任二字,非对于君主而言,对于议会而言也。"②议会制度、宪法体制、责任内阁这西方宪政思想三大内容在这时已全面传入中国,并发生着日益广泛的社会影响。时人已逐渐深刻地认识到:在器物和思想文明改造的同时,还必须进行制度文明的改建,"欲图自强,必先变法;欲变法,必先改革政体。为政之计,惟有举行立宪,方可救亡"③。晚清的近代化改革从器物、思想的层面向制度层面推进,各种近代的制度化建设开始全面推行。

1903年9月还最早出现了"立宪派"的称谓,这是在《浙江潮》第7期的一篇名曰《四政客论》的文章中揭出的,表明维新派一词可能被立宪派的称呼所取代的一种历史迹象。维新派更多地具有某些传统意味,"咸与维新",历朝多见。而立宪派理所当然地是一个近代的名词。更有意味的是,立宪是与一种近代型的政体相联系,反

---

① 转见郭双林:《西潮激荡下的晚清地理学》,北京大学出版社2000年,第215—217页。
② 《论国会不与内阁并立之弊》,《时报》,1908年3月9日。
③ 岑春煊1904年奏折,《岑督春煊奏议》,北京大学图书馆藏抄本。

图 55 《浙江潮》

映了当时先进者对政体的关注。这种关注因日俄战争的结果而愈发强烈。(图 55)

日俄战争是日本继甲午战争之后发动的第二次大规模的国际战争,两次战争的对象都是东方有名的古老君主专制大帝国,而两次又都是日本获胜。日俄战争在中国国土进行,关系到中国的安危和利益,引起时人的特别关切。清政府在战时宣布处"局外中立"立场,一方面在国际战争史上留下笑柄,另方面也使国人能比较客观地观察战事的进展,并进行较为广泛深入的分析。战争进行期间,有一令人奇怪的现象,就是中国朝野几乎一致希望日本获胜。日本为甲午击败中国的国家,应是中国的头号敌人,但国人的情绪反而对日本表示热烈，东三省和直隶当局都有援助日本的行动。这或许是因为中日同文同种，企图以此证明黄种人同样能够战胜白种人的种族情结的作用。还有一个因素，就是舆论的导向。当时的报刊多操纵在各类知识分子手中，他们是立宪的拥护者，所以也自觉不自觉地希望君主立宪的日本击败君主专制的俄国，以证明其理想的正确。日本的胜利从这两个方面满足了国人的心理。证明黄种人可以战胜白种人，但前提是，要改制，取立宪政体。日俄战争的结果还更加刺激了国人的危机感，战后日本在东北的势力大增，东北又是清朝的"龙兴之地"，对国家的忧虑激起民族意识的高涨，这又归结到走立宪道路挽救国家危亡的结论上。

故所以，日俄战后，宪政思想大兴，成为当时最流行的思潮之一。不但在野士绅及报刊舆论大力鼓吹，清朝官员也顺时而动。魏光焘、岑春煊、端方等地方大员都有这方面的上奏，其中影响最大的是出使法国大臣孙宝琦的奏折。1904年4月，孙宝琦上书"政务处"，提出效仿英国、日本等，定中国"为立宪政体之国"；派重臣出使采访各国宪法，以便为中国制定宪法；以政务处为上院，都察院为下院组成议会。其建议明显具有新旧合成中西合璧的特色。

政务处没有将此奏折上闻帝后，但奏折却给立宪派以鼓舞，他们借此大做文章。《时报》以耸人听闻的言辞报道："数月以来，吾国有大喜过望易亡为存之一大纪念，出现在黑幕时代，则吾人宜如何鼓舞而欢迎之也。现此一大纪念为何？曰驻法公使孙宝琦氏上王大臣书请立宪法是也。"①

---

① 《论朝廷欲图存必先定国是》，《时报》1904年8月7日。

1905年初，日俄战争中日胜俄败的战局明朗，立宪议论更是盛行，一些更有力的政界权要也加入鼓吹行列。到7月份，8位总督中就有滇、粤、江、鄂、直5位奏请立宪，军机大臣中则获满汉军机中地位最显要的奕劻、瞿鸿禨的赞同。

1905年7月9日，朝廷正式决定遣使出洋考察宪政。①得到各方拥护。外国的欢迎自不必说，国内各地，北京是"学界谱诗歌，军界演军乐，商界则预备金花彩烛"②，准备欢送考宪大臣出京，江浙等地也准备大臣路过上海时表热烈迎送。只有朝中的少数保守人士和革命党人分别从更保守和更激进的不同角度加以反对。9月24日，朝廷选定的五位大臣出洋，革命党人吴樾乘乱在送行的列车上实行自杀式爆炸，五大臣中有人受伤，行期推迟。吴樾案发生后，国内一般言论多表示反对，当时执舆论界牛耳的《申报》、《大公报》、《时报》都发表评论谴责此举，鼓励政府不要后退，加速推进立宪。表明了当时多数人心的向背，仍对清政府的立宪抱有很大的希望。

1905年12月和次年1月，考宪大臣分两批离京出国，出访历时半年，周游了14个国家，与各方面的人士包括朝廷通缉命犯康、梁党人均有直接间接地接触。考宪大臣在国外考察多有心得，回国时，携带了大批宪政资料，载泽等曾编辑书籍67种，带回400余种外文书籍交考察政治馆。端方等则编出《欧美政治要义》，简介西方政体制度，后又编《列国政要》133卷。且各有奏折吁请

---

① 《荣庆日记》，西北大学出版社1986年点校本，第84—85页。
② 康继祖：《豫备立宪意见书》，《中国立宪原起》，1906年版，第3页。

图 56 考察宪政大臣端方（前排左起第七人）在罗马与随员等合影

朝廷立宪,其中以皇族身份的载泽的第二封密奏最能打动执政者,他提出立宪有"皇位永固"、"外患渐轻"、"内乱可弥"三大好处。（图 56）

  1906 年 9 月 1 日,朝廷正式发布仿行宪政上谕,表明清朝国策的重大转移,国家由此进入预备立宪时期,由封建专制政体向三权分立君主立宪政体的过渡时期。经由"新政"而来的"中层"制度层面的改革由此进入到"高层"制度层面。同时表明:"新政"使得中层制度改变了,但是政体未变,如此首尾不适显然不行,具体制度的改变势必导致高层制度的改变,首尾必须适应,预备立宪正是想解决此一问题。但最终,此项改革夭折,清廷未能完全依靠自身的力量完成政体变换,这项制度建设最后由清廷权力结构内外的合力推动完成,且不是通过温和的改良而是通过激烈的革命手段来最终实现,清廷也在这最高层面制度革命的进程中被摧毁。

二 合力的作用

完成最高层面政治制度更换,即帝制向共和根本体制转变的内在动因是什么?个中原因,见仁见智。在这方面的研究中,长期以来,有两种相当流行的主流观点:一曰实现中国政体转换的辛亥革命纯是由孙中山等人发动,清朝的被倾覆以及中国政治制度翻天覆地的变化是孙中山的革命思想和实践的结果,即史界所谓"孙中山正统观"是谓也;二曰辛亥革命发生的社会基础是阶级民族矛盾的极端尖锐化,它是在灾民遍地,民变频生,被统治阶级再也无法忍受的状况下发作。但是,当我们对历史进行具体考察之后,上述观点便呈现出若干难以自解之处。

质疑一,在武昌起义爆发之前,客观上说孙中山及同盟会的活动处在低潮。因孙中山的活动圈子侧重于华侨和会党,与青年学生接触有限,而以青年学生为主体的同盟会成立以后,很快就内部不和,1907年春,在"旗式"问题上,孙中山与黄兴发生激烈争执。接着又因日本赠款和惠州起义失败等问题,孙中山与章太炎、谭人凤、宋教仁等发生分歧,他们掀起"反孙风潮",开会罢免孙总理职务,改推黄兴担任同盟会总理,后在黄兴等人劝止下平息。但孙中山对东京同盟会总部和《民报》的重要成员已多不信任。1908年秋，孙中山与汪精卫、胡汉民在新加坡成立"同盟会南洋支部"，其"章程"与同盟会章程有诸多不合，也不提与东京总部的隶属关系，从中隐显孙中山抛开东京总部，另立中心的意图。1908年底，章太炎、陶成章、李燮和等又重提开除孙文的要求，并于1910年3月在东京重组光复会总部。同盟会已呈四分五裂的状态。1911年4月27日试图进行最后一搏的"黄花岗起义"，更使革命党人付出惨重代价，孙中山言：该次起义使"吾党菁华，付之一炬"①。这不独是孙中山的个人观感。黄兴也一腔悲愤地慨叹："同盟会无事可为也，以后再不过问党事。"②赵声在起义后"痛大志未遂，精英全丧……，环顾党内人力财力都竭，来日举事大难，感愤之下，病更加剧"，遽尔去世。③可见，革命党的领袖人物中弥漫着严重的失败情绪。甚而同盟会的内部分裂愈发加剧，7月31日，因不满孙中山重点经营广东的策略，谭人凤、宋教仁等在上海另外成立"同盟会中部总会"。到这个时候，同盟会在实际上已是名存实亡，孙中山也远走美洲。所以，对武昌起义的爆发，孙中山等是缺乏思想准备的，感到事出意外。1911年10月10日，武昌起义以极其偶然的形式爆发，两天后，也就是10月12日的中午，孙中山是在距武昌万里之遥的美国城市丹佛从报纸上意外得知这一消息的。当时他"本可由太平洋潜回，则二十余日可到上海，亲与革命之战，以快平生。乃以此时吾当尽力于

---

① 《孙中山全集》第6卷，中华书局1984年，第50页。
② 谭人凤：《石叟牌词》，上海书店出版社2000年，第75页。
③ 《革命先烈传记》，《赵声传》。转引自章开沅、林增平主编《辛亥革命史》中册，人民出版社1980年，第313页。

革命事业，不在疆场之上，而在樽俎之间，所得效力为更大也。故决意先从外交方面致力，俟此问题解决而后回国"①。由于孙中山的这一判断失误，他在欧美的外交活动绝少收获，新生的革命政权没有得到任何国家的外交承认，筹集国外资金的支持也一无所获，基本归于失败。国内方面，也由于孙中山的迟迟不归，进而丧失把握革命领导权的最佳良机。武昌起义的第二天，武汉革命党人就通电全国，"并请转电孙文，早回中国主持大计"②。11月14日，江苏都督程德全通电："中山先生为首创革命之人，中外人民皆深信仰，组织临时政府，舍伊莫属。"③贵州方面也表示："推孙逸仙总统，敝处赞成。"④云南方面的态度是："孙逸仙君，海内仰望，将来各省或推为大总统，固在意中。"⑤可见，在武昌起义爆发后的一段时间里，"拥孙"的呼声相当之高。孙中山却未予及时回应，没有立即回国，直到11月2日才从美国启程，也不是回国，而是转道欧洲的英、法等国，12月21日，孙中山抵达香港，25日方至上海，负起直接领导革命之责。而这时，已有14个省宣告光复，成立新政府的事项也已初备，但形势的发展和舆论的走向也从"舍孙莫属"转移到"虚位待袁"。也就是说，在革命最紧急最重要的关头，我们并没有看见孙中山直接领导的身影。孙中山的迟

---

① 《孙中山全集》第6卷，第244页。
② 曹亚伯：《武昌革命真史》中册，上海中华书局1927年代发行，第45页。
③ 《申报》1911年11月16日。
④ 全国政协文史资料委员会编：《辛亥革命回忆录》（六），中华书局1961年，第271页。
⑤ 中国社会科学院近代史研究所资料组编：《辛亥革命资料类编》，中国社会科学出版社1981年，第168页。

图 57 1912年1月1日,孙中山(前排左六)、黄兴(前排左五)等人在南京参加中华民国临时大总统就职典礼时,赴明孝陵祭奠明太祖朱元璋

滞回国,又给袁世凯取代孙中山造成直接机会。(图 57)

质疑二,如何看待辛亥前夕社会阶级和民族矛盾的激化程度?这里,我们以民变作为分析参数,因为来自下层社会的民变是社会矛盾激化的突现,它典型不过地传达着社会动荡的信息。那么,辛亥前夕的民变又是怎样的一种情况呢?关于民变,至少可以看到三种统计资料,一是 C.K.Yung 的《十九世纪中国民众运动的几种基本统计类型》①,该文以《清实录》为资料数据来源,将嘉庆元年(1796年)至宣统最末年(1911年)的民变作了统计分析。二是乔志强的《辛亥革命前十年间农民斗争的几个问题》②,将 1901 年至 1911 年

---

① 该长篇论文刊载于 Wakeman, Frederick 等人主编的 Conflict and Control in Late Imperial China 一书中,该书 1975 年由 Berkeley 出版。
② 载《山西大学学报》1979 年第 3 期。

间中国农村的民变作了统计分析。三是张振鹤、丁原英的《清末民变年表》①，该年表除《清实录》外，还参阅了另外22种报刊资料和私人文集，将1902年至1911年间的中国农村的民变作了表列。三种资料比较，后两种统计的民变次数较多，乔志强的统计限于农村，有326起；而张振鹤等的统计涵盖城乡，达到1300余起。但从统计学的角度来看，我们仍只能以C.K.Yung的统计为主要参照指标。这不仅因为其所依据的统计数据来源比较单纯完整连贯；更因为其统计跨越1901年以前，使我们能够对辛亥之前和之间的民变数据作出定量化的比较，以概观辛亥期间的民变数量是不是比以前有了较大幅度的增长。C.K.Yung以约10年为一计量时段，开列数目如下：1836年至1845年间，爆发民变258次；1846年至1855年间的数字是959次；1856年至1865年间是2483次；1866年至1875年间是1020次；1876年至1885年间是391次；1886年至1895年间是315次；1896年至1911年间是566次。观此统计不难发现，民变次数最多的时段是19世纪五六十年代，这时正是太平天国运动风起云涌之时。而1896年至1911年的时段上，尽管统计时间是15年，但其数字也不足1856年至1865年这10年间次数的1/4。需要提出的是，在1899年和1900年正是义和团运动的发生期，来自下层社会的民众暴动势必大大增加，如果除去这期间的民变，那么，这15年的民变数量便更要剧减。民变是下层社会对现存制度的暴力反抗，是社会矛盾激化程度的计量表。以此度量，若仍要坚持传统的辛亥

---

① 该年表作于1953—1955年间，但晚至近30年后才刊出，参《近代史资料》1982年第4期。

时期社会矛盾空前激化的观点无论如何难以立论。所以，辛亥革命主要是中、上层社会的革命，与下层社会和民众确乎没有太多的关系（四川等地的保路运动和陕西等地的会党起义或许是例外）。鲁迅的《阿Q正传》以文学的笔调描述了下层社会对辛亥革命的疏离和误解。毛泽东则以政论家的笔调指出："国民革命需要一个大的农村变动"，辛亥革命没有实现这样一种变动，所以失败了。① 两人描述方法有所不同，指认的事实却是同一的。

这就带来了疑问，清朝政治制度的被倾覆，中国政治体制千古未有的转折，其因为何？答案是：这应该是一种合力的作用。关于清王朝的崩溃，过去多从王朝的对立面来进行研究，把王朝覆亡史纳入辛亥革命的范畴。研究王朝是如何被革命推翻的，研究推翻王朝的力量——孙中山、同盟会、革命党、立宪派、群众暴动、民变骚乱。这些研究无疑是必要的和重要的。但是，现在我们发现，这种单一视角的模式难以对许多重大问题给予合理合情的解释。我们需要放宽视角，转从更大空间的多维视野来审视历史的问题和问题的历史。既然我们是研究清王朝的崩溃，那么除了从王朝权力结构的外部来寻找原因外，还应该从其内部来考量；除了从推翻王朝的异己力量一面来寻求解答外，还应该从王朝自身是如何一步步地走向自我崩溃的另面来分析。或许，其内部的另面才是更重要的。武昌起义前的清朝统治集团，确实是陷入了重重危机，国家机器赖以支撑的主要支柱均已坍塌，统治资源严重流失，政权基础已经狭窄

---

① 毛泽东：《湖南农民运动考察报告》，《毛泽东选集》第1集，人民出版社1991年，第16页。

到难以为继的地步,这个政权的存在从其本身来说也成为多余。下面逐次予以分析,也算是对本书前面言说各章的小结:

军队,是国家机器的重要组成部分。晚清军队的崩解历程至晚在道光年间就已开始(也有些人将其提前到嘉庆年间的白莲教起义)。八旗、绿营先是在对外的鸦片战争中一败涂地,又在同太平军的较量中几近毁灭。湘、淮军等崛起,特别是1860年"江南大营"的第二次溃败,终至成为湘军全面取代绿营的转折点和淮军成军的起点。湘、淮军进而成了19世纪60—90年代清朝的主流军制,其间的"练军"、"防军"亦多仿湘军营制而来。但湘、淮军不是国家正规的"经制兵",而是带有地域形态私军性质的"勇营"①。由此带出中国军事近代化历程中一系列具吊诡意义的悖论。吊诡一:一般国家军事近代化的过程包含有两个并驾齐驱的指标,即在装备、编制、训练近代化展开的同时,军队的国家化也在相时并进。而湘、淮军的出现则使这两个并进指标出现逆反方向运动,在装备训练近代化的同时,非但没有实现军队的国家化,而是走了一条军队私属化的道路,军队成了某些个人和权势集团的工具。吊诡二:在中国近代频发的战争环境中,军人渐居国家正途的中心,"进身之阶,军功捷于科举,则是武人之重,其重极也"②。但军队在由社会边缘集团转入中心位置的时刻,却日渐疏离国家的正统体制。吊诡三:近代正处于公民观的构建期,个人逐步地又是迅速地从皇权、宗法、地域关系中以法的形式脱出成为国家公民,但在现代国家和公民意识

---

① 于此军制转承王尔敏先生有很好的阐释,参《淮军志》,台北1967年版。
② 陈登原:《国史旧闻》第三分册,中华书局2000年,第662页。

增长的同时，军人群体却反其道而行之地强化了地域性和私属性。此一状况的最终结果是演化成了军人干政和连绵不绝的军阀混战。甲午战争时，湘、淮势力衰落，乘势而起的北洋军事集团的私军化色彩更加明显。清廷虽几度想收回中央对军权的控制，有"督办军务处"、"武卫军"、"练兵处"、"陆军部"、"军咨府"等机构的次第成立，但收效有限。末了，军队国家化的过程又与军队皇族化的动作搅和在一起，几个年轻的皇室子弟企图统揽军权，反而引起"新军"广大官兵的极度反感，使得"新军"的近代化过程又成了"革命化"的过程，军队不但没有成为王朝的保护力量，反而成了推翻王朝的最重要的部队。迄辛亥时，南方的"新军"多受革命党的影响，革命党对"新军之运动，已普及于云南、广西、三江、两湖，机局已算成熟"①。北方的"新军"多受袁世凯的操控。辛亥起义恰由居于南北冲要的武昌的"新军"发动，在南方和北方的新军中引起殊途同归的反应，在全国编练已成的14个镇、18个混成协的新军中，有7个镇、10个混成协相继反正，其中南方新军就占了7个镇和8个协，各省光复多由他们所牵动。袁世凯的北洋军则在倾覆王朝的过程中扮演了另一种角色，在获得孙中山"虚位以待"的承诺后，袁世凯指使下的段祺瑞率领数十名北洋将领联名通电，以40万官兵的名义诉求"立定共和"，否则将"率全军将士入京，与王公剖陈利害"②，清帝被迫退位。有海外学人索性把辛亥革命判定为一场

---

① 《孙中山全集》第1卷，第486页。
② 中国史学会编：中国近代史资料丛刊《辛亥革命》（八），上海人民出版社1957年，第173页。

"士兵革命"和"新军兵变",不为无因。辛亥时各地的光复政府都冠之"军政府",形象而又深刻地说明"政"对"军"的依从关系,政府必须以军队挑头才能立命安身。如果说,这是"战时"特例的话,那么,辛亥后22个省的都督,由军人出任的就有15个省,再典型不过地印证了军人从一种地位较低的职业集团向左右社会的最强势集团的位移,而这种位移,却逸出了王朝的轨道。①(图58)

官吏,是"政统"的代表和国家政权的行使者。晚清官吏队伍的症结所在,除吏治腐败、冗员拖累等项外,很重要的还

图58 袁世凯身着军装像

有官员的离心和地方势力的膨胀。对任何一级政府而言,最要紧的政治权力无外乎三项:军权、财权、行政管理权。在这三个方面,清朝中央权力的流失前已论及。这里再予以强调。关于财权的流失,早在太平天国时期就已严重发生。中央政府在减少或放弃对地方财政支持的同时也不得不减弱或放弃对财权的垄断操控。厘金、关税、铸

---

① 熊志勇:《从边缘走向中心》,天津人民出版社1998年,第220页。

图 59 摄政王载沣

币、外债、公债等一系列由地方支配或参与分配的新财源相继确立，使清朝中央在财权流失和财政困窘的交逼下度日如年。清政府也曾多次试图清理财政，重建集揽财权的中央威势，均不成功。据估计，清政府在 1908 年得到的全部税收仅占国家净产值的 2.4%，而日本早在 1880 年即达 12% 以上。[1] 关于行政管理权的流失，鉴于晚清地方权势的尾大不掉，1906 年 9 月开始的"预备立宪"首先便从官制下手，清廷原来对地方官制的改革要求甚高，"汲汲以中央集权为秘计"[2]，但多次提案均遭地方反对，1907 年 7 月 7 日好不容易出台的"地方官制章程"，却只能进行一些枝节性的改革。[3] 清廷借改革试图限制督抚权力，收权中央；地方则借改革鼓吹地方自治，最后是两相抵消。1908 年 11 月 3 日，鉴于光绪皇帝和慈禧的病情加重，慈禧任命 25 岁的醇亲王载沣为摄政王（图 59），其 3 岁的儿子溥仪送进

---

[1] Wang Yeh-chien, *Land Taxation in Imperial China, 1750—1911*, Cambrige, Harvard University, 1973, p.133.

[2] 《官制改革愤言》，《时报》1907 年 1 月 26 日。

[3] 故宫博物院明清档案部编：《清末筹备立宪档案史料》上册，中华书局 1979 年，第 503—510 页。

图 60 宣统幼帝端坐像

宫中教养。第二天,光绪去世,慈禧宣布,立溥仪为帝,是为清朝的末代皇帝宣统,载沣为监国,所有政事秉承慈禧的懿旨行事。又过一天,再下旨,以后所有军国政事由载沣裁定,遇有重大事件,必须请示光绪帝后隆裕,旋即慈禧病故。两天之内,皇帝、太后去世,慈禧已70多岁,属于正常死亡,而光绪年仅38岁,为何早死,死日又恰在慈禧死的前一天,疑点很多,自来也有很多说法。更重要的是,光绪、慈禧去世,载沣摄政,使最高统治者驾驭局势的能力更加弱化。载沣1908年2月才进入军机处,其人性格懦弱,缺乏主见,政治经验、领导能力和阅历权术都远不能和慈禧相提并论,骤然作为一个大国的执政者显然负荷过大,难以胜任。这也使得地方权势相形增强,①中央与地方的关系愈发紧张。辛亥革命爆发后,大多数地方督抚要么反叛中央,要么坐视不救,中央的凝聚力已然是极端的散落。(图60)

---

① 慈禧之死对晚清朝局的影响,就连当时遥在海外的人都确切地感受到了。当时在美国留学后来担任北京大学校长的蒋梦麟写道:在美国的"中国学生一致认为'老太婆'(这是大家私底下给慈禧太后的浑号)一死,中国必定有一场大乱"。蒋梦麟:《西潮》,台湾嘉南书局1988年再版,第93页。

士绅，是封建专制统治的重要基础和一个不可或缺的阶层，处在"非官而近于官"的地位①，"士"与"大夫"的相连既说明了士是官员的预备队，又反映出士绅作为官府和民众间的纽带功能。"士"不能走上"仕途"，步入官场，其社会地位便总是受到漠视；"大夫"倘若不是来自于"士"（科举正途），也总被认为出身不正。专制皇权正是通过科举取士制度、民众教化职责和社会基层的权力分配等机制与绅权处在一种共生相维的状态中。入近代后，士绅的地位和功用发生持续而深刻的变化。这种变化首先出现在外力冲击下，一般情况，面对外来侵略，当由国家军队出面抵抗，在保护国家的同时也保护士绅，但鸦片战败表明国家难以承负这个责任。士绅阶层因而奋起，在自保的同时保国，突出案例是广州等地"社学"的表现，三元里斗争、反入城斗争均由士绅来领导，结果是士绅阶层一度居于中国对外关系中十分重要的前置角色地位。先是推动了广东地方政府，进而带动了道光末年和咸丰初年中央对外政策的转趋强硬。但这还只是一个地区的特例，从全国来看，绅权并无太大的变化。士绅阶层发生全局性的变动是在太平天国运动爆发之后。国家"经制军队"的失败和团练的兴办，使皇权与绅权的关系发生了某种决定性的变化，朝廷对士绅的保护关系出现了颠倒，士绅对国家机构的依赖部分消失，皇权与绅权的平衡开始向绅权倾斜。尤其是湘军士人领军政策的实行，不仅在"出相"（文官）的途径外，为士人开辟了另一条"入将"（武官）的宽阔出路，更使晚清的士绅阶层发生了第一次裂变，生出一个新的阶层——军绅。19世纪60年

---

① 《皇朝掌故汇编》内编，光绪二十八年刊印本，卷五三，保甲。

代洋务运动的开展,又使士绅阶层出现了第二次裂变,部分士绅投入近代企业及与此相连的各类近代文教机构,新商绅阶层出现。① 它不单是士农工商这四民之首与四民之末的黏结,因为它与大机器工业相联系,而具有成为一个与封建体制有本质差异的全新阶级的可能。新商绅与皇权不但是疏离,还具有异己相克的品格。"商"的社会地位迅速提高,"国势之强弱,人种之盛衰,实惟商业左右之,生死之"②。在晚清重商主义的氛围下,经商也成为最为时兴的行当。科场上大器晚成的张謇,自1868年第一次通过应试后,晦气便一直跟随着他,曾经历了5次失败才获得举人,又经过4次失败才获取进士,但是,当他1894年历经艰辛终于获得甲午科状元,步入科场顶点,为其后的仕途开辟了康庄大道时,却突然地抛弃了来之不易的官宦之途,毅然决然地迈进了实业界。(图61)如果说,这只是个案的话,那么,有人曾对清末汉口居民的从业状况做过统计,在总计99833个居民中,"商界"的居然占了30990位,再加上经营"小贸"的人员9464人,经商者占了几近半数。③ 这些经商者

图61 张謇像

---

① 详参马敏:《官商之间:社会剧变中的近代绅商》,天津人民出版社1995年。
② 《抵制美约余论》,《东方杂志》第三年,第2期。
③ 《汉口小志·户口》,第3页。

未必都能与"绅"挂得上钩,但其中社会能量较大的部分属新商绅是可确定的。1898年7月,严复以颇具近代理念的口吻对"政""学"一体的制度提出严厉质疑:"国愈开化,则分工愈密。学问政治,至大之工,奈何其不分哉!"①章太炎更偏激到断然抵制"官"与"学"的任何联系(哪怕是新式的官办学堂也不行),"学校者,使人知识精明,道行坚厉,不当隶政府"②。这是对士绅阶层赖以生存的根基提出了挑战。1905年科举制的废除,终将士绅与官府联系的最重要的纽带扯断,中国的教育制度逐渐成为西方教育体系在全球的扩张部分,亘古不变的"常识"和神圣尊严的"经典"被以西学为主体的新知识谱系重新审定,知识被新的另类标准重新确立。伴随着出国留学与新式学堂的兴起,在旧仕途阻塞的同时为有学者开辟了新路径,"政"、"学"的分离表明传统制度吸纳士绅群体能力的弱化和新制度吸纳改造士绅群体能力的强化。根据清朝的官方报告:"各省初办学堂,学生率皆取诸原业科举之士。"③据说至少有10万旧式士绅重新迈进新式学堂接受再教育。出洋留学也成为有传统功名的士绅们的热衷之途,专为中国留学官绅特设的日本法政大学速成科,四五年间接纳中国留学官绅1868人,其中约10%是有进士功名的,甚至还有3位状元。④伴随着旧士绅阶层忙不迭地改变新身份的"新潮",士绅阶层也出现了第三次近代裂变,新学绅由而崛起。前面提到的那份统计资料表明,在清末的汉口居民中自认是"绅界"的仅

---

① 《严复集》第一册,第89页。
② 《章太炎全集》卷4,上海人民出版社1982—1986年,第306页。
③ 舒新城:《近代中国教育史资料》上册,人民教育出版社1962年,第197页。
④ 参法政大学史料委员会编:《法政大学史料集》第11集,东京1989年。

有293人，而职业在"学界"的有2025人。①这便是旧士绅向新式知识分子迅捷转变的真实写照。晚清，还曾令人目眩地出现过一阵复古的思潮，今古文经学你死我活的打拼，荀学、墨学、道家、法家等诸子学的粉墨登场，以唯识学为主体的佛学的盛极一时，这一切，统统不过是旧知识分子在儒学正宗面临危机无法应对变局的情况下，手忙脚乱地从被打入另册尘封已久的旧思想库中翻箱倒柜地把全武行拿出来轮番演练，但在势不可挡的新学的冲击下，林林总总的传统旧学要么迅速消歇，要么在新学标准的规范下重新解构。士绅主要作为一种知识群体而存在，这次转变是一种带有根本性的主体位移，士绅阶层无可挽回地没落了，近代知识分子群势不可挡地崛起。如果说，旧士绅与王朝体制有着天然的割舍不断的必然联系，那么，新式知识分子群体便与王朝体制格格不入了，因为两者本身就是牛头马嘴无法共生的。清末任直隶总督的陈夔龙曾语带通彻地反诘："宁知学堂之害，于今为烈，试问今日革命巨子，何一非学堂所造成？"②清末咨议局和资政院的设立是朝廷想重建与士绅联系纽带的举措，所以在1908年7月22日出台的《咨议局议员选举章程》中对确保士绅在选举中占据优势作了颇带倾向性的硬性规定：其"共有条件"规定：享有选举权者年龄需在25岁以上，享有被选举者年龄要在30岁以上。晚清废除科举时仅三年，新式学堂大兴也没有几年，如此"高龄"的选举资格限定把年纪较轻刚从新式学堂毕业者排除在外。其单项当选资格更规定：需办理学务事业三

---

① 《汉口小志·户口》，第3页。
② 陈夔龙：《梦蕉亭杂记》，北京古籍出版社1983年影印本，第3卷。

年以上者，照顾到"学绅"的利益；有5000元以上资产者，照顾到"商绅"的利益；而有举贡生员以上出身者和曾任实缺职官文七品、武五品以上者的条规，更是直截了当地给士绅或在籍为绅者以特权照顾；而在校生没有选举和被选权，小学教员没有被选权的规定却把相当一批新知识分子排除①。如此一来造成的格局是，新式知识分子从政的道路狭窄，青年学生只得大批投入新军，由军界谋得发展，当时的情况是中下层的知识分子转入新军，1905年，在湖北黄陂入伍的96个新兵中，就有24个秀才和12个廪生。而整个湖北新军第32标中，中下层的知识分子就占20%以上，②以至于坊间流传"秀才童生新军"的称谓。与此相别，中高级的旧式知识分子则多入咨议局和资政院，当时各省咨议局中有63位议长和副议长，除3人身份不明外，仅5人没有科名；各省议员的来源也以士绅占绝对主体，广东咨议局有94名议员，全部都是有科名者。③进而又造成在代议机构中温和的立宪派有优势，而在较年轻者组成的新军中，激进的革命党人的影响来得大。咨议局的设立也没有能加强士绅与朝廷的联系，却成了近代"绅权"扩张的转折点，"绅权"被纳入到"议会"模式中，成为传统向近代转轨的具有决定意义的象征，使咨议局成为皇权、官权之外的另一个政治中心。转变中的士绅不但没有靠拢王朝，反而更加离心。近代性质的"绅权"与皇权已经绝难同处了，

---

① 《清末筹备立宪档案史料》下册，第670—683页。
② 政协湖北省委员会编：《辛亥首义回忆录》，湖北人民出版社1957年，第1辑，第68页；第2辑，第95页。
③ 参《时报》宣统元年十一月八日，《中外日报》宣统元年十一月九日，贺跃夫：《广东士绅在清末宪政中的政治动向》，《近代史研究》1986年第4期。

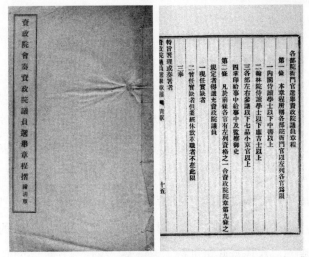

图62 《民政部则例·选举资政院议员章程》

两者间在宪政的设计模式上、在预备立宪的期限上、在代议机构的权限上、在内阁的组成上、在利权收回的问题上发生冲突。结果清末最后几年出现的情况是,作为新士绅政治代表的立宪派提出要求,朝廷拒绝,经斗争满足一部分;立宪派又提出更高的要求,价码不断增高,终于使朝廷无法应对,同时亦使立宪派走上了对朝廷由期望、到失望再到绝望的不归路。士绅们在向上层面与朝廷打交道不能解决问题,只得把问题向下层面捅向基层民众。著名汉学家杨格有言:"士绅的政治化也许是20世纪初(中国历史)最主要的特征。"① 如果说,士绅的政治化还能够控制,那么,民众的政治化就难以操控了,社会震荡的程度与民众的政治化每每成正比,民众的政治化愈强,政治愈向下层民众扩散,非理性的无序因素便愈多。"提倡于缙绅先生,响应于劳动社会"的四川等地的保路运动演出的正是这样士绅与民众互动激促终至不可收拾的一幕。② (图62)

---

① E.杨格:《民族主义、改革和共和革命》,见J.克罗莱:《现代东亚:解释性论文集》。
② 《申报》光绪三十一年十月十六日。

满族，是清朝肇兴的本源和种族统治的基石。作为一个少数民族统治多数民族的王朝，满汉矛盾始终存在。咸丰朝以降，汉族官员在权力结构中的地位虽日见重要，但满族的政治特权优势依然稳固不变。所以，从1895年孙中山揭橥"驱逐鞑虏"的旗帜后，"反满"即成为社会动员面最广泛的口号。为了抵御反满宣传，也为了整顿趋于崩溃的旗人特权社会，调和满族与汉族及其他民族的关系，晚清王朝对满汉民族政策进行了大调整。在官制方面，不再区分满汉，原来专为满族特设的官缺向汉族官员开放，统一满汉官员的晋升办法，取消旗档，旗、民籍共组新军；在法制方面，废除满人的法律特权，将满汉人民统一于相同的法律之下；在社会改良方面，允许满汉通婚，学生同校，礼俗一致，裁停旗饷，旗丁归农，废除旗人的寄生特权，废弃旗民分治制度，将东北纳入内地的行省体系。应该承认，晚清的最后几年，清廷为消除满汉界限采取了相当积极的调整政策，而且，这种调整的幅度之大前所未有，目的在"期于化除畛域，共作国民"①。但这些措施的采取并没有能调和满汉间的矛盾，也恰恰是在晚清的最后几年，满汉间的民族猜忌和冲突不但没能平息，反而更显尖锐。这种适得其反的效果所为何来？很重要的原因就是这些着眼于社会性的政策，被清政府在政治层面上继续奉行的民族防范的排汉政策所抵消。在社会动荡和转折时期，政治上的措置往往具有头等重要的意义，这又集中于政治权力的分配上。1906年底进行的中央官制改革，名义上是满汉不分，但实际推出的各部阵容是：在11个部的13名大臣尚书中，满员占了7席，蒙员

---

① 《光绪朝东华录》（五），第5740页。

占了1席,汉族仅为5席。还不如满汉各半的旧制。无外乎时人要诘问:"预备立宪,其预备第二次新旧、满汉之大冲突乎?"[①] 1907年的"丁未政潮"又使汉族政治势力遭到更沉重地打击,汉族中最有权势的官员,瞿鸿禨、岑春煊、林绍年、袁世凯、张之洞等几乎全部在政潮中遭到打压,[②] 瞿、岑、林被罢免,另两位最有权势的汉族地方大吏袁、张则被明升暗降,调入军机处。清廷此举,也是为了堵塞人们对崇满抑汉措置的攻击,慈禧曾道明心声:"国事如此,人皆曰我满人为之,今且听彼汉人了当一切,看如何。是故袁、张二大臣所议办事,我曹自今勿阻挠也。"[③] 混淆视听推卸责任是真,"勿阻挠也"是做不到的,未及,张之洞病故,袁世凯也被开缺回籍。袁的被开缺,是清廷对北洋势力的钳制,与历来皇权嬗递初期新继位者对前朝权臣的控制有关,和嘉庆扳倒和珅,道光扳倒曹振镛,咸丰扳倒穆彰阿,同治扳倒肃顺相类似。但在时人的观感中却认为是清廷又在"实行排汉也"[④]。当时满汉矛盾的尖锐化和普遍化已经到了这样的程度,几乎朝中发生的每一件大事,时人都有意无意地与满汉问题相联系。清政权的种族化色彩愈益凸显,而愈来愈多的汉族和其他民族的人对这一种族化政权表示出愈来愈强烈的反感,由此造成一种恶性循环,满族亲贵愈不放心汉人,汉人的反对情绪也就愈高涨;汉人的排满意识愈强烈,清廷对汉人也就愈发疑畏,互动连环的最后是对清朝民族统治资格的根本否定,"逆匪膻胻,非我

---

① 《论今后之朝局》,《时报》1906年12月5日。
② 详见拙作:《论丁未政潮》,《近代史研究》1989年第5期。
③ 孙宝瑄:《忘山庐日记》下册,上海古籍出版社1983年,第1069页。
④ 《袁世凯之所谓杨生》,《时报》1909年2月4日。

族类，不能变法当革，能变法亦当革。不能救民当革，能救民亦当革"①。清政府的满汉政策还引出另一种矛盾，清廷的限制满族特权的社会政策涉及满人的传统既得利益，势必引起他们的不快乃至反对，造成满人对朝廷的离心。清廷的目的是以此更多地收揽汉族人心，但政治上的"限汉"政策又没有达到此一目的。结局是左右不是人，里外不讨好，形成满汉对朝廷的同时离异。1911年5月8日，"皇族内阁"的出台更使离异速度空前加剧，各界人士翘首期盼好不容易出现的内阁，殊不知，13名阁员中满员竟然占了9人，其中皇族又占7人，且控制了外交、财政、军事等重要部门。此等格局使各界有受骗上当的感觉。汉族官员入奏：宗室不宜进入内阁。②立宪派痛心疾首地表示："皇族内阁不合君主立宪公例，失臣民立宪之希望，仍请另行组织，以重宪政，而固国本。"③立宪派还发出决裂警告："窃恐内阁甫成立，而推翻之动机已伏也。"④国际方面也很不以为然，清廷立宪多以日本为蓝本，但对"皇族内阁"，日本前首相大隈重信的评价是："揆之立宪国皇族不当责任之例，实不相符。"⑤伦敦《泰晤士报》从满汉矛盾的立论更加刺耳，"此新内阁不过为旧日军机处之化名耳。彼辅弼摄政王者，咸注意于满汉界限，而欲使满人操政界之优权，此诚愚不可及之思想"⑥。"欲使满人操政界之优

---

① 章太炎：《中国立宪问题》，《江苏》第六期（1903年11月）。
② 《山东巡抚孙宝琦奏折》，《民立报》宣统三年五月二十三日。
③ 《政治官报》宣统三年六月，光绪三十三年铅印本。
④ 《申报》1911年5月10日。
⑤ 《申报》1911年5月23日。
⑥ 《申报》1911年6月8日。

权"的话只说对了一半，另一半是保持皇族在政界的优势。御史胡思敬就看出："夫一国之最要者为枢务，其次为兵权，为财政，一切均委诸宗潢贵胄手……，其小人无知者，疑皇上以天下为一家之私物，不信汉，并不信满，各怀一自外之私心，……由是国家渐成孤立之势。"①这就是"皇族内阁"给人的印象："不信汉，也不信满"，只信皇室人员，而亲贵子弟的能力又是每况愈下。从1906年

图63 皇族内阁首任总理大臣奕劻

的官制改革以来，清廷走了一条集权满族进而集权皇族的路线，"皇族内阁"的总理大臣是皇族庆亲王奕劻，（图63）掌控财政大权的是皇族载泽，而军权更是完全在皇族的操控之下，载沣本人是陆海军大元帅，统率全国军队，一个弟弟载洵是海军部大臣，另一个弟弟载涛是军咨府（类似总参谋部）大臣，而陆军大臣则由满人荫昌担任，成为地道的爱新觉罗家天下。表面看来，最重要的权力都被皇室最可靠的家人所掌握，实际上，权力的基础却在解体流失，"皇族内阁"造成了权力基础的最窄化，从满汉合流到集权满族，又到少数几个皇家子弟，其余都在排斥之列。立宪的终极目的是权力下移，在扩大政治参与的同时扩大统治基础。清廷实行立宪的结果却是权力上收，不但排汉也疑满，不但防民也防官，王朝权力集团的

---

① 胡思敬：《退庐疏稿》卷一，南昌1924年刻本，第16—18页。

自我孤立到了无以复加的地步。清朝作为一个民族统治政权,"八旗世仆"是其赖以崛起和生存的重要依靠力量,如今也在动摇。"排满之议起,学生之旗籍者,纷纷冠以汉姓。世家之有协领之匾额者,急为卸下。他若妇女改装,男子改姓者,尤不一而足。"①清初强固团结的满族社会已不复存在,呈一迅速解体的逃难面相。武昌起义爆发后,除了宗室以外,整个满族社会并无太大的反抗,遍观驻扎各地的旗营,成都旗营和平缴械,镇江旗营主动投降,东北各省旗兵大多转入共和阵营,广州旗营甚至改编成接受共和政府指挥的"粤城军",只有福州、荆州、西安等旗营稍作抵抗,也很快瓦解。

军队、士绅、官员、满族是清朝统治最重要的几大支柱,是王朝存废的命脉所系,迄辛亥前夕,已全部动摇。王朝大厦已不复有支柱,这样一个政权如果还不垮台反倒是难以解释的事了。武昌起义一个小小的偶发事件的轻轻推动,便使王朝大厦轰然倒塌。个中更具有的是历史的必然。

综上所述,有一些基本的历史概念和政治理念应该梳理清楚:

第一,清末的历史不等于辛亥革命史,晚清覆亡的历史也不等于辛亥革命史。这是一个毋庸置辩的历史的和逻辑的问题。但我们以往的许多研究却恰恰在这个简单不过的问题上陷入了某种误区,长期在"孙中山中心"和"革命史观"的理念上兜圈子,使我们的研究多注意王朝的对立面而忽略了王朝本身。应该说,清朝的覆亡是多种合力共同作用的结果,除了从王朝权力结构的外部寻找原因外,还更应该从王朝内部权力结构的演生变动来寻找原因,更应该

---

① 《申报》1911年12月29日。

从决定事物变化的内因来看问题。转换角度考察得出的结论是：王朝灭亡的主因不纯然是推翻，而很大程度上是自我崩溃。清朝已经走到历史"气数"的尽头，权力基础已经全然分崩离析，满清王朝与其说是被异己力量所推翻，毋宁说是更多地败亡于自己之手。这里，视角的转换和视野的拓宽非常重要，如果把晚清最后几年的历史仅仅纳入辛亥革命的范畴来考量，将会大大局限我们的研究视野；同理，整个清末的历史也绝不是一部辛亥革命史所能容纳，辛亥革命史只是晚清历史中的一部分，而绝不是全部，在相当时段上，也未必是主体。如果仅从王朝被推翻的视角来看问题，还很容易导出一个"告别革命"的错误结论：即如果王朝的反对力量不将其推翻，而是假以时日，让清廷从容进行"改革"，那么，对中国社会近代化的发展将更为有利。实际上，不是孙中山等革命党人给不给清朝以时间，而是清朝自己所采取的措施已经宣判了自己的死刑，他们自己给自己调校好了死亡时间表。

第二，即或对王朝异己力量的考察，也很大程度上要从王朝自身的角度来审视，因为，他们是执政者。其中，"新政"的采行尤为重要。对晚清"新政"的失败原因，中外学人已经进行了很多探讨，但其中最重要的原因应该说是在于晚清王朝的旧肌体中难以容纳"新政"改革的新因素。清政府实行"新政"的目的是要维护旧的生产关系和上层建筑，但"新政"实行的结果是导出新的生产力和经济基础的衍变，两者异体相斥，凿枘不入。结果是新因素愈多，非但不能起到维护旧肌体的作用，反而起了消解作用，客观效果与清政府的主观愿望完全相反。经济改革本是想克服王朝的财政危机，结果导致资本主义工商业的大发展和资产阶级力量的壮大,在此经济和阶级基础上产生的资产阶级政治派别：孙中山等为首的革命派,康有为等为首的海外宪政派,张謇等为首的国内立宪派愈趋活跃,最终三者合流,掀起覆清浪潮。军事改革本是想培植军事力量维护王朝,镇压革命,结果却给革命党人提供了兵源。教育改革本是想为王朝培养人才,结果却阻断了旧式知识分子的出路,迫其转向,形成了一个不同于传统士类的新式知识分子群。而资产阶级及其政治代表,新军,新式知识分子这三个"新政"造就或壮大的产物恰恰成为王朝灭亡最主要的掘墓人。"搬起石头砸自己的脚"的老话具有颠扑不破的历史辩证法的哲理。马克思主义关于生产关系一定要适应生产力发展,上层建筑一定要适应经济基础变化的理论得到很好的印证。问题不在于清朝实行不实行"新政"改革,或这种改革的快慢,而在于他们所实行的这种改革所造成的"内变"是与清朝的旧"外壳"格格不入,难以共处,而清政府又不愿全面改造反而刻意去维护这一旧外壳；问题还在于,新政时期各项具体制度已经相当趋向于资本主义化或是近代化了,但是,最高层面的制度仍没有多少变化地滞留在封建专制或是中世纪,清政府难以放弃皇权的专制体制。那么,结局也就注定了,外壳只能是被内力的聚变所炸毁。但无论如何,清朝的新政立宪改革为中国各项近代文明制度的初建或走向确定了基础。

第三,对孙中山和辛亥革命作出另说,并无意于否认中山先生的崇高地位和辛亥革命的丰功伟绩,只是想尽力依据历史的实际对此重新定位。简言之,对孙中山与辛亥革命史的研究有一个从过去政治取向为主向学术研究为主的转移或本相回归,这对学者们的研究尤其如此。应该看到,"孙学"研究和辛亥革命史研究的政治时代正在过去(完全过去不可能),比较独立的学术时代正在来临,"孙学"研究的热闹场面和辛亥革命史研究的显学地位也不可能永远保持,这些领域的研究在世界范围内都正从变态走向常态。① 毋庸赘言,孙中山主要是一个政治人物,辛亥革命也主要是一场政治事件,但既为学术研究,便应以实事求是的学术取向作为依归。就孙中山与辛亥革命的关系来看,他对这场大革命的贡献是无可替代的,是辛亥革命的旗帜,是中国近代制度文明最重要的标志——共和制度确立的重要催生人。孙中山毕生对中华文明的进步予以特别关怀,他认为中国"由过代之文明变为近世的文明"是历史必然,而要实现近世文明的转变,必须"取法于人",顺应世界历史的潮流,"我们中国先是误说我中国四千年来的文明很好,不肯改革,于今也都晓得不能用,定要取法于人。若此时不取法他现世最文明的,还取法他那文明过渡时代以前的吗?我们决不要随天演的变更,定要为人事的变更,其进步方速"。主张在中华文明的进程中不能听天由命或循序渐进,而要依靠国人的努力实现文明的跨越性进步,他在中华制度文明的建设中便以此为宗旨。② 1895 年 2 月,孙中山以"驱逐鞑虏,恢复中华,创立合众政府"作为兴中会誓词,其中的"创立合众政府"一句把美国式的共和制度作为奋斗目标,显示出了全

---

① 辛亥革命史最权威的专家之一章开沅教授曾在其总结性的概论中,将"打破了长期存在的'孙中山中心'的陈旧框架,消除了正统史观的束缚"视为是近 20 余年来辛亥革命史研究领域中"改进与革新"的最重要的方面之一。参章开沅:《50 年来的辛亥革命史研究》,《近代史研究》1999 年第 5 期。
② 《孙中山全集》第 1 卷,第 278、281—282 页。

新的时代意义。略后,孙中山便把他所领导的这场革命与以往的革命之间划了一道时代的界线:"前代革命如有明及太平天国,只以驱逐光复自任,此外无所转移。我等今日与前代殊,于驱逐鞑虏、恢复中华之外,国民全体尚当与民变革,虽纬经万端,要其一贯之精神则为自由、平等、博爱。故前代为英雄革命,今日为国民革命。"①以往的革命只是帝位的转替易手,是家天下性质的"英雄革命",而共和革命则着眼于"国民全体",是真正意义上的国民革命。诚然,19世纪末的孙中山还不能说是坚定的共和制度主张者。刘成禺《先总理旧德录》称孙中山曾言:"予少年主张,谓汉人作皇帝,亦可拥戴,以倒外族满清为主体。杨衢云与余大闹,几至用武,谓非民国不可。衢云死矣,予承其志,誓成民国,帝制自为,予必讨之。"陈少白也说:"孙先生学医,后坚决排满,于共和制度尚有出入,衢云持先生辫,盛气欲殴之。予在旁,分开两人。"直到1900年惠州起义时,孙中山还在给清朝官员刘学询的信中说:"主政一人,或称总统,或称帝王,弟决奉足下当之,故称谓由足下裁决。"②可见,杨衢云等人对共和制度在中国的确立亦有鼎立之功,它是孙中山及其战友们对中华制度文明的集体贡献。此后,孙中山等从理论和实践上对共和制有了全面发挥。在1903年成立的檀香山中华革命军和1904年的《致公党新章》中,孙中山都把"创立民国"作为团体誓词③。这里,"合众政府"的提法逐步被更具有中国特色更易被中国民众所接受的

---

① 《孙中山全集》第1卷,第296页。
② 转见章开沅、林增平主编:《辛亥革命史》上册,人民出版社1980年,第95页。
③ 《警钟日报》,1904年4月26日。冯自由《华侨革命开国史》,商务印书馆1946年,第59页。

"民国"的提法所替代,但其精髓未变,依然是建立"民治"和"平等"的"国民国家",以资产阶级共和制来取代封建君主制。1905年,中国历史上第一个具有全国政党性质的组织——同盟会成立,在其宣言方略中,更把"建立民国"作为"今日革命之经纶"和"将来治国之大本",并具体阐释:"今者由平民革命以建民国政府,凡为国民皆平等而有参政权。大总统由国民共举。议会以国民共举之议员构成之,制定中华民国宪法,人人共守。敢有帝制自为者,天下共击之!"①自此以往,"敢有帝制自为者,天下共击之"的思想被愈来愈多的中国人所接受。革命已超出千百年来仅只是要求改朝换代的旧范式和颠覆清朝光复汉种的狭窄民族主义的旧绪统,②而是要求中华制度文明的根本性改进。是时,孙中山还将其思想体系概括为民族、民权、民生的三民主义,其中民国共和的内容最具时代意义和社会效应。而在共和体制的构架中,孙中山又将西方的三权分立学说与中国的传统制度文明中的优良精髓相结合,独创性地提出了

---

① 《孙中山全集》第1卷,第297页。
② 1905年是孙中山民族思想转折的重要年份,此前他的"革命排满"说不免有褊狭之见,直到1904年时孙中山还说"当满洲人之未入支那,不过黑龙江畔之野蛮游牧,常寇支那北方平和边境"。中国民族运动的任务就是要"将满洲鞑子从我们的国土上驱逐出去"(《孙中山全集》第1卷,第244、255页),但到1905年,孙中山的民族思想有了大的转变,在当年同盟会的定名争论时,他坚决反对将团体名称定为"对满同盟会",而坚持定为"中国同盟会"。1906年,孙中山对"革命排满"说作了更完善的修订与说明:"惟是兄弟曾经听见人说,民族革命是要尽灭满洲民族,这话大错。""我们并不是恨满洲人,是恨害汉人的满洲人。假如我们实行革命的时候,那满洲人不来阻害我们,决无寻仇之理。"(《孙中山全集》第1卷,第325页)将反对革命的若干满洲统治者与满族人民区别开来,是孙中山对中国境内各民族一律平等的近代民族理念的重要贡献,也是对当时革命党内部盛极一时的不分青红皂白全面排满的狭隘民族观的有力纠正。

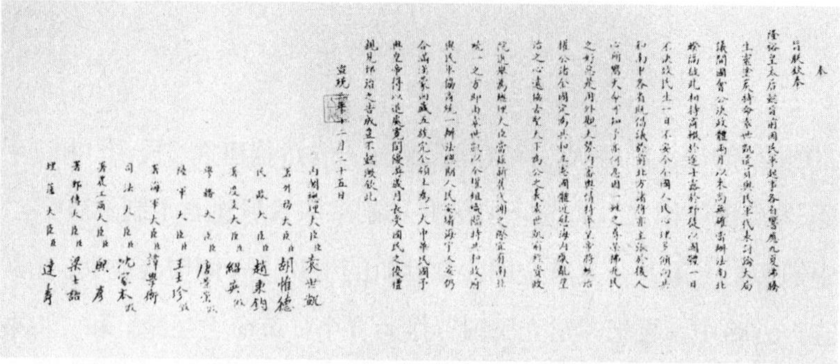

图64 《清帝退位诏书》

"五权分立"的学说:"考选制和纠察制本是我中国固有的两大优良制度,我期望在我们的共和政治中复活这些优良制度,分立五权,创立各国至今所未有的政治学说,创建破天荒的政体。"就是"在中国实施的共和政治,是除立法、司法、行政三权外还有考选权和纠察权的五权分立的共和政治"。[①]诸如此类,都是孙中山先生对中华制度文明的伟大贡献。但我们也应该看到,中山先生对辛亥革命的作用主要表现为一种思想的引领、主义的倡导和为天下先的启蒙宣传。具体说来,主要表现在反清革命创立民国的主义的首倡揭出;表现在对兴中会和同盟会等资产阶级反清革命团体的缔造;表现在对中国资产阶级民主派的纲领和理论体系的构建;表现在推翻满清王朝的斗争中的那种不屈不挠屡败屡战的鼓舞人心的精神和封建帝制不再适合中国的观念的广泛宣传,表现在共和国蓝图的绘制和昭示……但辛亥革命与满清王朝覆亡间的关系,清朝覆亡的主因和这段历史应该从何角度审视,等等,都还需要再进行深入的新研究。(图64)

---

① 《孙中山全集》第1卷,第319—320页。另按:吸取古今精髓,兼收中西优长,结合国情并与时俱进地加以时代创新是孙中山在文明建设中的重要思路,他称他的学说是"内审中国之情势,外察世界之潮流,兼收众长,益以新创"的结果(《孙中山全集》第7卷,第1页),其中"有因袭吾国固有之思想者,有规复欧洲之学说事迹者,有吾所独见而创获者"(《孙中山全集》第7卷,第60页)。

1911年10月,中国出现了制度文明转换的大革命——辛亥革命。1912年1月1日,中华民国宣告成立,孙中山在就任民国第一任临时大总统的宣言书中宣告:"国家之本,在于人民。合汉、满、蒙、回、藏诸地为一国,即合汉、满、蒙、回、藏诸族为一人。是曰民族之统一。"[①]辛亥革命的爆发不仅宣告了统治中国260多年的清王朝的结束,而且宣告了在中国延续了两千多年的封建君主专制制度的根本倾覆,宪法、国会、民国这些近代制度文明的产物第一次出现在中国的土地上,嗣后,共和成为中国人民确认不移的正统政治体制,中国的政治制度在向近代文明制度的转型上有了决定性的进步。中华文明历经蒙昧形态、古典形态而至近代形态,辛亥革命在这一转承演进的过程中具有某种界标意义,近代制度文明的确立说明整个近代中华文明大系已有了制度化、法律化的保障,已成为神圣不可侵犯的"正统"。至此,中国的传统文明有了脱胎换骨的更替,近代文明在中国的确立已成大势所趋。

[①] 《孙中山全集》第2卷,第2页。

后记

　　本书主要依据《中华文明史》第四卷第13章扩写，而第13章亦由本作者完成。因为论说时段主要属于1840年鸦片战争后的近代，而这正是《中华文明史》第13章的论说时代。因此，本书的任何错谬，均由作者完全负责。

　　《倾覆与再建》，是从本书的论述主旨——制度文明而言，特别是从政体角度而言，延续千年的封建帝制的崩溃和共和政体的构建是近代制度转型中最伟大的事件。而并非指中华文明的全然倾覆，即或在当代，中华古代文明的精髓也代有传承，生生不息。当然，中华文明在从古代形态向近代形态的转折中，除了继承外，更有与时俱进的创新。

在《中华文明史》的编写过程中,承蒙各位老师前辈和同仁好友的多方指教,受益匪浅。本书自然汲取了他们的精彩意见。

郭卫东

2008年元月